L'ENSEIGNEMENT TECHNIQUE
AU MINISTÈRE DE L'INSTRUCTION PUBLIQUE E[...]

LA PÉDAGOGIE

DE

L'ENSEIGNEMENT TECHNIQUE

RECUEIL DE CIRCULAIRES, INSTRUCTIONS ET DOCUMENTS

PRÉFACE DE M. E. LABBÉ

Directeur général de l'Enseignement technique

PARIS

LIBRAIRIE DE L'ENSEIGNEMENT TECHNIQUE

Ch. EYROLLES, Éditeur

[...]

1921

[...]

L'ENSEIGNEMENT TECHNIQUE

AU

MINISTÈRE DE L'INSTRUCTION PUBLIQUE & DES BEAUX-ARTS

LA PÉDAGOGIE

DE

L'ENSEIGNEMENT TECHNIQUE

RECUEIL DE CIRCULAIRES, INSTRUCTIONS ET DOCUMENTS

PRÉFACE DE M. E. LABBÉ,
Directeur général de l'Enseignement technique.

PARIS
LIBRAIRIE DE L'ENSEIGNEMENT TECHNIQUE
LÉON EYROLLES, ÉDITEUR
3, Rue Thénard, 3
1927

PRÉFACE

Ce simple recueil de documents n'est évidemment pas un traité systé-matique de pédagogie.

Il peut néanmoins rendre service non seulement à ceux qui ont à donner un enseignement technique, mais encore à ceux qui veulent connaître cet enseignement autrement que du dehors et par les légendes absurdes qu'il a fait naître.

Une de ces légendes est sortie d'un long, d'un obscur débat — un peu scolastique — à propos de la culture.

Beaucoup d'esprits, qui se croient libres, ont l'idée la plus tradition-nelle de la culture. On est cultivé, selon eux, quand on a été formé selon les rites ; on ne l'est pas, quelque expérience directe et large qu'on puisse avoir du monde, quand on a grandi hors du cadre consacré.

Parce que l'enseignement technique paraît violer les règles, parce qu'il met au commencement l'action, le contact immédiat avec les choses, et la théorie ensuite, parce qu'il fait ainsi servir la théorie à éclairer l'action, parce qu'il compte sur le métier pour exciter la pensée et pour tremper le caractère, on l'a accusé de méconnaître la culture et même de la mépriser.

Injuste reproche.

Il est facile d'oublier que, pour beaucoup d'hommes, il s'agit d'abord, dès l'adolescence, de gagner leur pain et que c'est justice de leur apprendre avant tout ce que leur travail réclame.

Il y a peut-être un ordre des connaissances fondé en noblesse : il y en a un autre, fondé en nécessité, qui s'impose à la fois en fait et en droit. Car le devoir aussi, qui est vertu et noblesse, commande d'abréger la rude tâche humaine. Et l'on a dit depuis longtemps qu'il fallait vivre avant de se livrer au jeu de la pensée.

D'ailleurs la pensée n'y perd rien. De s'être fortement attachée au réel, d'avoir été nourrie d'observations et d'expériences personnelles, d'avoir grandi dans le champ de l'action et lutté contre les problèmes du travail, elle tire peut-être plus d'originalité et de vigueur et si elle s'élève moins vite, il n'est pas assuré qu'elle ne montera pas aussi haut.

La vraie culture ne s'impose pas du dehors. On la conquiert quand on la désire, et chacun par ses voies.

La première règle de l'enseignement technique, on le verra par les pages qui suivent, c'est de préparer au travail. Ceux qui franchissent les portes des écoles techniques de tout ordre veulent apprendre un métier. Le devoir de nos maîtres est donc d'enseigner des métiers, de fournir à l'industrie et au commerce, les hommes qu'exigent des emplois sans cesse plus variés, et qu'on ne peut tenir sans des aptitudes précises, des connaissances exactes, de plus en plus étendues, à mesure que la science bouleverse les techniques.

Vaste programme. Il s'est encore agrandi par la nécessité de ne pas sacrifier l'agriculture à l'industrie et de former ces artisans ruraux dont la disparition menaçait de mort la production agricole.

Ce domaine embrasse et l'apprentissage qui doit être conçu comme une véritable éducation populaire, et la formation des cadres qui met en jeu la culture technique et scientifique la plus haute ; il rejoint l'art par ces métiers où notre génie excelle et dont le rayonnement ennoblit tous les autres en leur communiquant le respect et le souci de la beauté.

Tâche nationale, urgente, impérieuse. Avant tout, la France doit vivre, donc produire, donc former, élever des producteurs.

C'est la tâche assignée à l'enseignement technique. Elle vaut peut-être assez pour qu'on pardonne à ses maîtres de s'y donner tout entiers.

E. LABBÉ.

But de l'Enseignement technique.
Rôle des Inspecteurs Généraux.

(Paris, le 20 janvier 1927).

En vous donnant, au début de cette année, mes instructions personnelles sur la tâche que vous aurez à accomplir, je n'ai nullement l'intention d'infirmer celles que vous avez reçues jusqu'à ce jour.

Je déclare, au contraire, y donner mon adhésion expresse et je profite de cette occasion pour rendre hommage à l'œuvre poursuivie, avec une continuité parfaite, par MM. les Sous-Secrétaires d'Etat de l'Enseignement technique, en plein accord avec mes prédécesseurs.

Le rattachement plus intime de l'Enseignement technique au Ministère de l'Instruction Publique n'a rien changé à son caractère. Il n'a fait que faciliter entre les différents ordres d'enseignement une collaboration qui leur avait déjà rendu, à tous, les plus grands services. Mais en rapprochant il n'a pas confondu. L'Enseignement technique n'a plus à chercher sa voie, ni à plaider pour ses principes. Il est désormais ce qu'il doit être et il ne lui reste qu'à se développer, dans le sens qui lui est propre, pour le plus grand bien de notre pays.

Je tiens à rappeler que son premier rôle est économique ; l'Enseignement technique est, à mes yeux, un des éléments essentiels, de l'économie nationale.

Il lui appartient d'abord d'en former la main-d'œuvre. C'est le problème le plus important de la production. Toute forme de production périclite quand la main-d'œuvre fait défaut, quand elle est trop peu nombreuse ou mal exercée. Le recrutement judicieux de la main-d'œuvre, l'orientation professionnelle, sont donc les premières pièces d'une organisation économique rationnelle. La formation professionnelle méthodique et complète en est la seconde. Et cette formation doit s'étendre à tous les degrés. Il importe que la France ait des employés et des ouvriers qualifiés et qu'elle soit le moins possible tributaire de l'étranger pour ce personnel compétent de qui dépend, pour une large part, le progrès de notre industrie et de notre commerce.

Il importe encore plus que les cadres supérieurs et moyens de notre production soient composés de Français. Pour que notre économie soit vraiment nationale, pour que l'intérêt général du pays y domine et ne soit jamais mis en échec par des intérêts particuliers, individuels ou collectifs, il faut que les industries et les commerces de France obéissent à des têtes françaises, à des volontés françaises ; il faut que les dirigeants en soient français. C'est le rôle de l'Enseignement technique de former ces chefs et ces techniciens, ces contremaîtres. Il a, par là, dans l'avenir du pays, une fonction de la plus haute valeur.

Il lui appartient aussi de provoquer le progrès de notre matériel. Il n'est pas question de fermer nos portes et de condamner toute importation ; on peut cependant penser que certaines de nos industries, et non des moindres, pourraient tendre à faire fabriquer sur notre sol les machines qui leur sont nécessaires. Entre nos industries nationales, la solidarité ne sera jamais trop étroite. L'Enseignement technique peut et doit rechercher les lacunes qui existent encore dans notre matériel et susciter les efforts qui les feront disparaître.

Enfin, nos écoles techniques, nos cours professionnels doivent, grâce à leur enseignement, lutter pour le goût français. C'est par sa qualité que notre production a, dans tous les domaines, conquis une renommée légitime. C'est par elle que nous continuerons à briller et à réussir. C'est elle qu'il s'agit de sauvegarder à tout prix. Sans doute, on peut compter sur les qualités héréditaires. Mais elles peuvent s'affaiblir et s'altérer si l'éducation ne les entretient pas. Un des buts de l'éducation professionnelle doit donc être de susciter et d'entretenir chez tous ceux qui participeront à la production nationale cet amour du fini, de la mesure, de l'élégance qui distinguent nos industries d'art, mais qui se trouvent dans toutes les autres et qui nous ont valu d'ardents imitateurs.

L'Enseignement technique a également à jouer un rôle intellectuel. Il est un des moyens les plus puissants, les plus efficaces de l'éducation populaire. S'il doit avoir comme centre et comme point d'appui les réalités professionnelles, s'il doit d'abord, pour remplir l'office qui lui est propre et dans lequel aucun autre ne le remplace, conduire au métier, il peut, en même temps, contribuer, et, en fait, il contribue à développer les facultés de l'esprit. L'expérience a souvent montré que la diversité des types de l'intelligence requérait la même diversité dans les méthodes pédagogiques. Il est certains enfants qui paraissent insensibles aux leçons et aux livres et dont l'esprit s'éveille, attentif, plein de justesse et d'imagination dès qu'il s'agit des travaux manuels. Le travail manuel et en particulier le travail d'atelier, celui qui a une fin vraiment pratique, une discipline exacte, est, même, pour la plupart des intelligences à la fois un divertissement utile et un procédé d'éducation concrète de la plus haute portée. Nos Encyclopédistes l'ont appris au reste du monde qui peut-être s'en est souvenu mieux que nous. L'idée en tous cas n'a rien perdu de sa vérité, elle a, au contraire, bénéficié d'une longue et large expérience. L'Enseignement technique a dans l'éducation nationale, une place particulière. Chargé de l'apprentissage, il s'adresse à une masse d'enfants qui courent, au sortir de l'Ecole primaire, le plus grave danger, celui de voir s'effacer bientôt, dans la pratique routinière du métier, les traces de culture que cette école n'a pu imprimer que faiblement dans l'esprit du plus grand nombre.

Ces enfants, il s'agit à la fois de les armer pour le métier lui-même et d'achever de former leur intelligence. L'apprentissage bien conduit peut et doit répondre à ce double dessein. Il doit être une culture technique, mais il doit être aussi une culture générale. Toutes les formes de l'instruction se tiennent, si elles sont poussées assez loin et appliquées dans tout leur sens. Apprendre un métier, c'est s'obliger à apprendre, à cause de lui et pour le comprendre, les notions essentielles qui forment la base de toute culture. Les besoins pratiques rejoignent les nécessités de la pensée. Dès que pénètre dans l'esprit un rayon de lumière, tout s'illumine de proche en proche selon un irrésistible mouvement intérieur. Peu importe le point où le jour s'est levé : on ne l'empêchera pas de grandir.

Ce qui est vrai de l'apprentissage l'est encore plus des formes supérieures de l'Enseignement technique. La formation des cadres, l'éducation des ingénieurs exige tout un ensemble des connaissances techniques précises et une instruction théorique assez large. Il ne faut pas perdre de vue le réel, et négliger la pratique en s'attardant dans les champs illimités de la science pure. Mais il ne faut pas non plus se contenter d'un savoir de recettes et de formules. Tôt ou tard on regrette de n'être pas remonté aux principes et de ne pas s'être élevé assez haut.

Enfin l'Enseignement technique a un rôle social. Ces apprentis, ces futurs contremaîtres et ingénieurs, ces commerçants de toute sorte à qui il s'adresse, seront demain des citoyens et des hommes. Leur éducation professionnelle serait incomplète, si elle n'était une éducation civique. Les tâches auxquelles on les prépare sont solidaires de la vie de la cité : ils les rempliront mal, s'ils ne sont de bons citoyens et en tout cas, ces tâches ne les dispensent pas des autres devoirs qu'ils ont à remplir envers la nation, envers l'Etat. Ces devoirs sont d'autant plus nombreux que les tâches professionnelles sont plus hautes. Les Chefs d'industrie ont la responsabilité qui incombe aux conducteurs d'hommes. D'ailleurs, un lien étroit relie le domaine de la production au domaine moral et social. Ce lien, c'est celui de la conscience professionnelle. La conscience professionnelle est un des éléments essentiels de la morale moderne, au moins sous sa forme pratique. Elle domine tous les problèmes du travail ; mais elle domine aussi la plupart des problèmes sociaux. L'organisation professionnelle, l'organisation sociale sont étroitement enchaînées. On les renforce, on les affaiblit ensemble. La cité et le métier vivent de la même vie.

Si ces fins générales de l'Enseignement technique sont pleinement admises, elles donnent à vos fonctions leur vrai caractère.

Ce que vous apportez au personnel de nos Ecoles, aux autorités locales, aux groupements professionnels, à tous ceux en un mot auxquels notre enseignement s'adresse, c'est avec une expérience et une autorité que je suis heureux de reconnaître comme mes prédécesseurs, cette impulsion vivante que ne peuvent suppléer les instructions écrites, dont elles ont au contraire besoin pour être vraiment comprises, correctement et complètement suivies.

Inspecter, vous le savez, ce n'est pas seulement contrôler avec exactitude ; c'est être aussi un conseiller et un guide. Il vaut mieux, dit-on, prévenir que guérir. Cela est vrai. La direction des écoles, l'enseignement sont des tâches difficiles qui exigent des qualités de tout ordre, intellectuelles et morales, et une longue expérience n'est pas moins nécessaire que la vocation et le dévouement pour éviter les erreurs. L'administration universitaire ne peut oublier ces difficultés, si elle veut être juste. Sa fermeté, que j'entends maintenir, ne doit pas seulement être d'abord bienveillante, elle doit être prévoyante surtout. Je veux m'efforcer d'éclairer ceux qui, dans les écoles et les classes, ont à remplir chaque jour leur devoir d'éducateurs. Et, en ce qui concerne l'Enseignement technique, je compte sur votre entière collaboration pour y réussir.

Ceux qui vous reçoivent attendent de vous à la fois la constatation de leurs résultats et, trop souvent peut-être, la solution de leurs doutes, des encouragements et des conseils. Ne l'oubliez point. Attachez-vous à inspirer confiance, à provoquer les questions utiles. Rapportez de chacune de vos tournées de nouveaux problèmes, de nouveaux motifs de progrès. Ne négligez pas de réveiller l'initiative de tous ; poussez-les résolument à l'action, en leur donnant la foi en eux-mêmes, mais cette action, éclairez-la de tout votre pouvoir : faites connaître dans la mesure utile, nos intentions et nos projets, de manière à en préparer la réalisation. C'est grâce à vous, à votre influence personnelle, qu'il peut y avoir entre les écoles une véritable collaboration, c'est-à-dire une action commune. Je m'en remets sur vous avec confiance du soin de la maintenir et d'en resserrer les liens.

La première condition, c'est que vos inspections soient fréquentes et au moins annuelles. Elles ne peuvent être vraiment efficaces qu'à ce prix. La situation des écoles change sans cesse et réclame un continuel contrôle. Les problèmes administratifs, les problèmes pédagogiques dans un enseignement récent comme l'Enseignement technique et qui a pour règle de suivre, sinon de devancer l'évolution rapide de l'industrie et du commerce se renouvellent sans fin. Ces problèmes, on ne peut vraiment les résoudre de loin, par des instructions écrites. Ils ont un aspect local et concret qui doit être vu de près, dans ses hommes et dans son cadre. Là est votre tâche et pour la remplir, il faut que vous alliez, au moins une fois par an, dans chaque école.

La seconde condition, c'est que vous envisagiez vos fonctions sous leur aspect le plus large. Le principe de la compétence et de la spécialisation a son prix, mais il a aussi sa mesure. Ceux d'entre vous qui ont leur résidence dans une région doivent s'y tenir pour chargés au moins à titre d'information de toutes les questions d'enseignement professionnel, de façon à réaliser entre elles cette unité qui n'est pas moins nécessaire que la collaboration entre les écoles dont je parlais plus haut.

Il doit en être de même pour les autres, au cours de leurs tournées. En dehors de l'objet précis de sa mission, l'inspecteur général doit être prêt à accueillir et à chercher, partout où il passe, ce qui peut être utile au développement de l'Enseignement technique tout entier.

Je désire que votre action soit dans toutes ces tâches, étroitement coordonnée à celle du personnel administratif local dépendant de mon ministère. L'Enseignement technique s'est formé en dehors de l'Université : il a ainsi acquis des caractères spéciaux que justifient les besoins auxquels il répond et qui lui sont propres. Cette originalité ne peut porter obstacle à une bonne organisation de l'éducation nationale, c'est-à-dire à la collaboration constante de tous les services d'enseignement. S'il est bien entendu que l'Enseignement technique est et doit rester professionnel, si c'est là sa raison d'être ; si les humanités ont une autre fin ; si nous avons besoin également de centres de formation professionnelle et de foyers de culture désintéressés qui sont notre fierté et la source de notre élite, il ne peut y avoir entre les uns et les autres ni confusion, ni barrières infranchissables. Il ne doit pas y avoir de castes dans la démocratie. Votre action ne peut donc rester sans rapport avec celle de l'administration universitaire locale, dans les Académies et dans les départements.

Déjà un de mes prédécesseurs vous engageait à entrer en relations avec Messieurs les Recteurs, « afin, disait-il, que les Recteurs soient tenus au courant de toutes les affaires importantes concernant des établissements situés dans leur ressort et particulièrement de celles qui tendraient à en modifier le régime administratif ou le plan d'éducation générale ».

Je vous renouvelle cette recommandation. Je désire même aller plus loin. Il serait bon que l'autorité des Recteurs fût expressément étendue à tous les établissements d'enseignement situés dans le ressort de leur Académie. Cette mesure me paraît propre à servir les vrais intérêts de l'Enseignement technique et je me propose d'adresser sur ce point à Messieurs les Recteurs, des instructions spéciales. Il vous appartiendra, en tous cas au cours de vos tournées, de prendre contact avec Messieurs les Recteurs devant qui je vous invite à vous présenter.

Vous aurez de même à collaborer étroitement avec Messieurs les Inspecteurs d'Académie. L'Inspecteur d'Académie doit être, dans la limite de son département, le chef de tout l'enseignement, secondaire, primaire et technique. Or, si ces attributions, en ce qui concerne ce dernier enseignement, ont déjà été définies par la circulaire rappelée plus haut, on n'en a, en général, usé qu'avec une réserve excessive. Cette période d'indécision doit prendre fin. Ceux qui en sont sortis ont obtenu de bons résultats et ont ouvert le chemin à tous. Je vous demande, à votre arrivée dans un département, de vous rencontrer, autant que possible, avec l'Inspecteur d'Académie ; de le mettre au courant de votre programme d'inspection, pour lui permettre, s'il le faut, de vous accompagner : de l'entretenir, en sollicitant des informations personnelles et de façon à l'associer réellement à votre tâche, des questions concernant son département, services d'orientation professionnelle, établissements et cours d'Enseignement technique, apprentissage, artisanat rural, enseignement ménager. Au cours des visites que vous ferez en commun, vous marquerez publiquement votre volonté de collaboration. Non seulement, vous ferez entrer l'Inspecteur d'Académie dans nos établissements et nos cours, mais vous travaillerez à ce qu'il s'y sente accueilli, hors de votre présence, avec confiance et sans réserve. C'est le gage d'une unité de direction à laquelle j'attache le plus grand prix. Vous passez : l'Inspecteur d'Académie reste. C'est à lui qu'est confié le soin de surveiller l'exécution des mesures que vous aurez préconisées, soit dans l'ordre administratif, soit dans l'ordre pédagogique. Il lui appartient également d'assurer la coordination entre les établissements de tout ordre, de rendre effective cette harmonie des forces d'enseignement et d'éducation dont la raison et la nécessité nous font également une loi. Je veux qu'il défende et qu'il aime l'Enseignement technique comme tous les autres, qu'il en épouse les intérêts qui sont ceux du pays. Mais il faut pour cela que ce nouveau domaine lui soit largement ouvert, qu'il y ait comme partout ailleurs autorité et responsabilité.

J'ajoute que, par son intermédiaire, vous atteindrez enfin le personnel enseignant primaire dont le concours pour l'orientation professionnelle, pour les cours professionnels, est d'une importance capitale. Vous vous efforcerez d'obtenir qu'une propagande soit faite, en faveur de ces œuvres, auprès des instituteurs, que des séances pédagogiques soient organisées, dans cette intention, auprès des Écoles pratiques, que les communications relatives à l'Enseignement technique trouvent place autant que possible, au Bulletin Départemental. Des initiatives innombrables peuvent surgir sur ce terrain que je considère comme un des champs les plus féconds de l'éducation populaire. Je vous demande de les faire naître avec une foi contagieuse.

Enfin, je crois inutile de rappeler longuement que vous devrez continuer à vous mettre en rapport avec MM. les Préfets, les Municipalités, les Inspecteurs régionaux et départementaux ainsi que les personnalités qui vous seront signalées comme capables de contribuer au développement de l'Enseignement technique. Plus que tout autre, cet Enseignement qui vit pour le dehors a besoin d'appuis extérieurs. Ces appuis ne lui manquent pas. Mais il est presque toujours utile de les grouper, d'en former un faisceau. C'est là votre œuvre. C'est à vous qu'est réservée la joie de rapprocher des bonnes volontés qui s'ignorent et de les rendre fécondes. Vous pouvez être ainsi d'incomparables animateurs.

La meilleure occasion de remplir ce rôle vous sera fournie par les réunions des Comités départementaux et des Commissions locales professionnelles que vous provoquerez au cours de vos tournées. Le Comité départemental est pourvu par la loi d'attributions étendues qui, dans un certain nombre de départements, lui ont permis d'être vraiment le centre local de l'Enseignement technique, d'en susciter et d'en diriger l'essor.

Dans d'autres, par contre, ces Comités n'avaient eu jusqu'ici qu'une existence à peu près nominale. L'application de la taxe d'apprentissage a modifié cette situation. Chargés d'en préparer les rôles, de contrôler et de juger les demandes d'exonération, les Comités départementaux se sont ainsi révélés au public et à eux-mêmes ; ils ont été contraints d'être et d'agir. Il faut en profiter pour leur donner partout une impulsion vigoureuse. Les résultats obtenus pour ceux d'entre eux qui ont usé de leurs droits et rempli leur devoir montrent tout ce qu'on en peut attendre. Rappelez-leur que leurs fonctions ne sont pas limitées à la taxe d'apprentissage ; mettez-les en face des nombreux problèmes où ils peuvent intervenir ; tracez-leur des tâches définies et précises. Rien n'est plus important pour l'avenir de l'Enseignement technique.

J'ai tenu à mettre en relief ce rôle de propagande que les circonstances actuelles vous imposent d'une façon plus pressante. Mais vos fonctions d'inspection n'en ont pas moins conservé leur importance essentielle.

En ce qui concerne les élèves, vous ne manquerez pas de vous adresser directement à eux, de leur inspirer confiance, de susciter et d'entretenir leur ardeur. Il y a dans la jeunesse une force d'enthousiasme à laquelle il faut faire appel, à laquelle il faut donner de nobles directions. C'est l'œuvre des maîtres, mais c'est aussi la vôtre. Votre autorité personnelle vous permet d'exercer à ce point de vue l'action la plus heureuse. Elle donne à vos paroles, à vos encouragements et à vos conseils, un durable et profond retentissement.

Pour le personnel, je ne veux que vous confirmer les instructions que vous ont données mes prédécesseurs et auxquelles je vous renvoie.

Il est un point cependant que je veux signaler.

Il s'agit des directions d'écoles. Ce fut toujours une partie importante de votre tâche de veiller à ce que l'autorité des directeurs d'école s'exerce d'une façon à la fois pleine et légitime. Des faits récents, dont je n'entends pas d'ailleurs exagérer la portée, me font un devoir de renouveler cette prescription.

Dans les Écoles professionnelles de tout degré, le rôle du Directeur est et doit être considérable. Il est le véritable animateur de son établissement et toutes les occasions s'offrent à lui de prendre de fécondes initiatives. Il représente également cet établissement au dehors ; il le fait profiter de ses relations, de l'autorité sociale qu'il a su acquérir. Il en résulte des devoirs et des responsabilités qui ne sauraient être méconnus sans péril et sur lesquels votre attention doit se porter avec une particulière vigilance. Il s'agit de rappeler à tous que l'autorité leur est confiée en vue de l'intérêt général et de lui seul et que l'école n'est la chose d'aucun homme. Mais il s'agit aussi, ces bornes posées, de développer le plus possible chez les Directeurs l'esprit d'entreprise. Vous vous assurerez en convoquant, à votre passage, le Conseil de Perfectionnement ainsi que le Conseil des professeurs, que leur action est, au-dedans comme au-dehors de l'école, étendue et efficace, qu'elle se fait sentir non seulement dans la vie pédagogique de leur établissement, sur leurs collaborateurs, mais encore dans sa vie sociale, sur ceux qui lui apportent leur sympathie, leur intérêt et dont il faut, à tout prix, gagner la confiance. Vous signalerez fermement aux directeurs tout ce qui, à ce double point de vue, vous aura paru leur manquer. Je ne mets nullement en doute leur bonne volonté générale dont ils ont donné tant de preuves. Il suffira, le plus souvent de la guider et de l'éclairer pour obtenir d'heureux redressements.

L'organisation des établissements vous préoccupera à bon droit.

Vous devrez y veiller en pensant aux difficultés d'une situation générale qui exige de tous les hommes de ce pays un immense effort. Vous exigerez que la sévère politique d'économies qui nous est imposée et qui est avec une production multipliée, la condition de notre salut, reçoive son application complète. Vous rechercherez donc et vous me signalerez, en ce qui concerne les locaux, le personnel, le matériel, les doubles emplois, les compressions possibles, tous les moyens de réduire les dépenses sans nuire au bon fonctionnement des services. Vous vous assurerez qu'il est tiré de chaque homme et de chaque chose le meilleur rendement. Dans toutes les écoles, vous examinerez minutieusement l'emploi du temps avec le Directeur, de façon à vérifier s'il est exactement suivi et si aucune suppression ou réduction n'est possible sans nuire à la bonne organisation de l'enseignement. Les sections suivies par un nombre trop réduit d'élèves devront, en particulier, m'être signalées et vous aurez à étudier si certaines d'entre elles ne pourraient pas être groupées pour une économie de personnel toujours utile.

Mais j'appelle particulièrement votre attention sur les groupements d'établissements, si favorables aux économies de locaux, de matériel et de personnel administratif, sinon de personnel enseignant. Les Ecoles techniques ont ainsi été associées soit à des écoles primaires supérieures, soit à des lycées et des collèges, elles pourront, elles devront l'être à des cours complémentaires, et, pour la formation des artisans ruraux, à des écoles d'agriculture. Ces groupements sont destinés, à mon avis, à rendre les plus grands services et j'y vois une des formes les plus heureuses de notre programme de réformes universitaires. Mais leur succès n'est pas fatal. Il exige des précautions minutieuses, une organisation administrative et pédagogique soigneusement étudiée, un contrôle incessant, la bonne volonté de tous. Je vous demande de leur consacrer une partie de votre temps, de les visiter avec soin, de veiller à ce que les enseignements ainsi rapprochés conservent, dans cette collaboration, leur caractère propre et ne servent qu'à leurs progrès mutuels, la règle essentielle étant que tout soit mis au service de l'intérêt commun en respectant, toutefois, pour le personnel de chaque ordre, les règles de son statut.

Vous aurez d'autre part à m'indiquer si le personnel donne satisfaction dans son ensemble, si le nombre des professeurs adjoints n'est pas trop élevé par rapport à celui des professeurs, et, en ce qui concerne les écoles de garçons, si les professeurs féminins n'y sont pas en excès.

Pour ce qui touche l'Enseignement lui-même, votre rôle vous est connu. Sur la nécessité d'inspecter minutieusement les ateliers, d'en contrôler l'organisation, de vous faire présenter les carnets d'atelier et de vous assurer qu'ils sont conformes aux principes arrêtés lors de la dernière semaine pédagogique, de veiller à ce que, pour chaque métier, i soit tenu compte d'une série d'exercices types, je vous renvoie aux instructions antérieures qui ont gardé tout leur sens. Les contremaîtres m'ont demandé un statut précis qui réglementerait leurs rapports avec les chefs de travaux et les Directeurs. Il m'a paru qu'il y avait plus d'inconvénients que d'avantages à délimiter sous cette forme trop rigide ce qui doit être avant tout affaire de collaboration et de mutuelle confiance, mais je retiens de cette requête qu'il est au moins nécessaire qu'il y ait partout collaboration et non conflit latent. Si les contremaîtres doivent être dirigés, ils doivent également être consultés. Vous voudrez bien vous rendre compte qu'il en est effectivement ainsi.

J'attache le plus grand prix à ce qu'à tous les degrés, le personnel soit mis à même de collaborer au progrès de l'enseignement, à ce qu'il soit incité à y réfléchir, à nous faire part de ses suggestions, de ses idées utiles. Vous l'y inviterez en toute occasion.

Vous vous rendrez compte de même que le principe de la production industrielle est respecté, que les travaux manuels et la conduite des machines soit convenablement associés, en un mot que l'apprentissage pratique est réalisé d'une façon vraiment moderne et conforme à l'évolution de l'industrie.

Ce sont les écoles qui préparent l'avenir. Il serait absurde qu'elles ne fussent pas au moins au niveau du présent. Mais les écoles professionnelles qui font, à tous les degrés, une large place à la pratique ont autre chose dans leurs programmes, que les travaux d'ateliers ; elles ne forment pas de manœuvres. Si j'entends maintenir à l'atelier toute son importance, si, avec mes prédécesseurs, je déclare qu'il est, dans une école technique le vrai centre, l'endroit d'où part tout l'enseignement et où il revient, c'est à condition toutefois qu'il ne supprime pas l'enseignement lui-même. Ce n'est pas une recommandation nouvelle que de vous engager à développer chez nos élèves le goût de l'enseignement général, mais je tiens à la reproduire.

La culture est nécessaire à tous les degrés de la profession. Elle le devient même chaque jour davantage, à mesure que la science envahit et bouleverse toutes les techniques.

Je veux que nos élèves sentent cette nécessité et qu'ils y puisent la volonté de ne rien apprendre par routine, de ne pas laisser limiter leur horizon, de ne pas manquer des lumières qu'exigeraient leurs progrès futurs. Parce que vous inspectez des écoles professionnelles, soyez dans tous les enseignements des censeurs exigeants et sévères, demandez partout une moyenne de résultats satisfaisants. Il y va, je l'ai dit, de l'intérêt des professions elles-mêmes dont l'avenir est dans les progrès, non des muscles, mais de l'intelligence. Il y va également de la dignité de notre jeunesse ouvrière et technicienne. Car le métier n'est pas toute la vie. Il n'empêche pas d'être citoyen et d'être homme, à quoi il faut se préparer aussi. L'Enseignement technique reste, parmi les autres, un élément de l'éducation nationale. Il doit être bien entendu que, si cet enseignement général est, selon les facultés des élèves, illimité dans son extension, le point d'attache doit en rester nettement professionnel. Les lettres ont leur part dans l'Enseignement technique comme dans tous les autres. La culture des sentiments et du goût n'est pas seulement un élément de l'éducation commune obligatoire. Elle a aussi, il serait aisé de le montrer, son rôle dans la formation professionnelle. Et le domaine de notre littérature est assez vaste pour qu'on puisse y trouver, en dehors de textes d'une valeur purement esthétique, la matière d'un enseignement qui ne s'écarte pas absolument de cette formation. Il y a là une question d'adaptation et de mesure où votre action peut et doit utilement intervenir.

Mon intention n'est pas d'entrer ici dans le détail de chaque enseignement. Pour la plupart, la méthode est suffisamment réglée et sûre. Les instructions antérieures en ont fixé les lignes principales et votre expérience éclairée vous permettra, si besoin est, de suppléer aux lacunes qu'elles pourraient présenter. Je compte précisément sur votre action personnelle auprès des maîtres pour les amener à ne rien négliger des secours qu'ils pourraient trouver dans les documents officiels qui, soit pour l'Enseignement technique, soit pour l'Enseignement primaire supérieur ou secondaire, ont défini les méthodes d'enseignement, et particulièrement le compte rendu des semaines pédagogiques du dessin et du travail manuel, mais en même temps à faire preuve de la plus large initiative et à ne jamais couvrir leurs erreurs d'un texte. La liberté du maître est l'âme de la pédagogie. Il s'agit avant tout d'être compris et d'être utile. C'est là la règle essentielle. Nul ne peut se substituer à l'éducateur pour obtenir ce résultat qui dépend de son intuition, de sa souplesse, et, faut-il le dire, de son dévouement vrai. On n'enseigne pas sans un rude effort, sans se donner tout entier. A ce prix seul, on peut gagner les esprits et mériter ces nobles joies qui font regretter toujours le rôle d'éducateur. Il faut aussi se tenir au courant, ce qui est difficile. Les professeurs d'enseignement général doivent renouveler sans cesse leur documentation pour rester au niveau des connaissances acquises. Les professeurs techniques doivent s'informer exactement de la pratique industrielle et commerciale pour ne pas être devancés par elle. Ceux qui sont chargés de travaux manuels doivent conserver l'entraînement nécessaire, se tenir en contact avec l'usine pour ne pas enseigner des procédés désuets. A tous l'obligation s'impose d'être, par leurs leçons, par leur exemple, des ennemis de la routine, des agents actifs du progrès.

Vous vous efforcerez, autant que possible, en ce qui concerne les écoles pratiques, d'obtenir que les maîtres soient chargés des enseignements pour lesquels ils ont été formés. Les convenances locales, les situations acquises ne sauraient prévaloir contre ce principe fondamental. Sans doute il ne peut être invoqué sans mesure. Il y a des nécessités, des difficultés de recrutement qu'il faut subir et l'enseignement technique y est soumis comme tous les autres. Mais il vous appartient d'examiner attentivement les résultats des nominations nouvelles, les réclamations du personnel ou des familles, de faire prédominer partout l'intérêt de l'enseignement qui est la seule loi de l'école et sa raison d'être.

Pour la notation du personnel, je vous recommande de tenir le plus grand compte de la correspondance communément établie entre l'échelle numérique et les termes de valeur comme passable, assez bien, bien, etc...; Vos notes, communiquées aux professeurs, doivent servir à les renseigner sur votre jugement : mais elles doivent aussi être une base ferme aux sanctions administratives. Elles doivent donc offrir une concordance visible entre le détail de vos appréciations et le chiffre qui les résume.

L'inspection générale des services administratifs a son domaine propre. Elle comprend en dehors des enquêtes administratives, la vérification de la caisse et de la comptabilité des Ecoles nationales professionnelles et des Ecoles nationales d'Arts et Métiers, la visite minutieuse des locaux et en particulier, ceux réservés à l'internat, les questions relatives à la nourriture, au logement, à l'état sanitaire, aux sports et aux conférences, la notation du personnel administratif et de surveillance et, en ce qui concerne les écoles pratiques, l'inspection des internats ainsi que la fixation des prix de pension. Tous ces problèmes ont leur importance. Ceux de l'internat doivent être traités avec un soin particulier. L'internat, en effet, injustement attaqué dans son principe, a rendu et peut rendre encore de précieux services ; mais on doit lui demander d'assurer aux enfants une vie hygiénique et saine, de leur donner de l'air, de la lumière, des cours spacieuses, une nourriture confortable; on peut même désirer — et c'est là un de nos vœux les plus chers — qu'ils y trouvent de la joie, des fêtes, l'air de la famille, cette tendresse vigilante et ferme qui leur laisserait de beaux souvenirs et qui rendrait à l'enfance scolaire tous les charmes de son printemps.

*
* *

L'inspection des écoles pratiques de jeunes filles est soumise aux mêmes règles que celle des écoles pratiques de garçons. Je n'en veux donc pas faire l'objet d'instructions spéciales. Je tiens cependant à ce qu'une sérieuse et active propagande soit entreprise en faveur de l'enseignement ménager, de façon à aboutir le plus tôt possible, à des résultats pratiques. Il ne faut pas que les sacrifices financiers réclamés et obtenus du Parlement soient rendus inutiles par le manque d'initiative des directrices d'écoles. Il appartient à celles-ci de se mettre en rapport avec les Municipalités et de solliciter leur concours pour donner à un enseignement de la plus haute portée pratique et sociale des installations matérielles conformes aux résultats du progrès et qui puissent vraiment servir d'exemple. J'appuierai de tout mon pouvoir les initiatives prises dans ce domaine. La semaine d'enseignement ménager que nous organisons cette année leur fournira un utile point de départ.

Je signale également l'œuvre du Trousseau qui a pris, dans certaines écoles, un si heureux développement et qui, par son caractère démocratique, est appelée à rendre de précieux services. Je la recommande à l'attention de tout le personnel à qui je serai reconnaissant des efforts déployés en sa faveur.

L'avenir de l'enseignement professionnel féminin est plein de promesses. Une évolution irrésistible pousse un grand nombre de jeunes filles au métier et cette évolution, si elle est dirigée, si elle est soustraite aux caprices d'engouements et d'illusions passagers, doit produire de bons résultats, en donnant à la femme l'indépendance sociale à laquelle elle peut prétendre. Le foyer n'en souffrira pas, si la science du ménage est considérée comme un élément essentiel de tout enseignement professionnel féminin, si la femme est élevée à la fois pour la maison et pour le dehors, de façon à n'être pas surprise par les divers visages de la vie.

*
* *

En dehors des écoles, votre attention devra se porter sur les cours professionnels. Je n'insisterai pas sur leur rôle qui doit devenir considérable, ni sur leurs progrès rapides qui font bien augurer de l'avenir. Je ne vous demande pas non plus d'en entreprendre vous-même l'inspection complète. Cette tâche, excessive, est incompatible avec l'inspection annuelle de toutes les écoles. Vous pourrez la remettre, sauf des cas spéciaux, aux inspecteurs régionaux et départementaux ainsi qu'aux inspecteurs d'Académie.

Mais il vous appartient, dans chaque département, de concert avec ces inspecteurs et si possible, avec le Comité départemental que vous vous réunissiez à cet office, de provoquer l'extension et l'amélioration des cours professionnels. Il y a là toute une propagande à faire, urgente et féconde. Elle doit servir de thème aux allocutions et discours que vous aurez à prononcer en 1926-1927 au cours des différentes cérémonies que vous serez appelés à présider. Elle peut faire l'objet de conférences ou de causeries par lesquelles vous informerez le grand public de nos efforts et de nos projets, des mesures officielles qui, depuis la loi Astier, ont construit les bases solides d'un apprentissage rationnel.

Vous vous préoccuperez du recrutement et de la formation du personnel enseignant des cours professionnels, des programmes, des méthodes, du budget de ces cours.

Il ressort des rapports annuels qui nous sont envoyés par les organisateurs que l'enseignement donné

a) ne comporte souvent que des leçons de dessin et de technologie.

b) reste le même pour les élèves de niveau et d'âge différents.

D'autre part, les renseignements sur les budgets restent souvent des plus sommaires, ce qui ne permet pas d'apprécier l'effort des diverses collectivités ou personnalités participant à l'entretien des cours.

Votre examen ou celui des Inspecteurs départementaux à qui vous communiquerez mes instructions devrait porter sur les points suivants :

a) obtenir, là où c'est possible, une division des cours d'après les connaissances et aptitudes des élèves : cours élémentaire, moyen et supérieur.

b) extension des matières à enseigner : si le dessin est, pour la plupart des métiers, leur vrai langage, il ne faut pas oublier que ce qui fait l'ouvrier qualifié, c'est, outre son habileté manuelle, des connaissances solides en technologie et en calcul professionnel, c'est aussi une culture générale qui lui permet de mieux comprendre son métier et d'être apte à remplir son rôle d'homme et de citoyen.

Vous trouverez d'ailleurs en annexe la leçon de M. Labbé, Directeur de l'Enseignement technique, sur les outils de perçage. Vous la recommanderez aux maîtres des Cours Professionnels. Elle leur fournira un exemple, tout-à-fait démonstratif, de la façon dont on doit associer la culture générale aux connaissances professionnelles.

Des cours modèles pourraient et devraient être organisés dans les locaux des Ecoles nationales et des meilleures Ecoles pratiques, avec le concours du personnel et du matériel de ces écoles. Je suis tout disposé à consentir en leur faveur de larges sacrifices, s'il se produit, à votre suggestion et sur vos conseils, des initiatives locales.

Je vous rappelle à ce propos, que j'ai préparé récemment la collaboration des cours d'adultes et des cours professionnels. Vous voudrez bien faciliter l'application de ces instructions en donnant aux Inspecteurs d'Académie et éventuellement, aux Directeurs des Cours d'adultes, toutes indications utiles sur le caractère professionnel à donner à ces cours, afin de légitimer des demandes de subventions devant le Comité Départemental. Vous mo rendrez compte, d'une façon spéciale, des efforts que vous aurez tentés dans ce sens et des observations qu'ils vous auront suggérés.

c) Examen minutieux des budgets, en vue d'établir un prix de revient rationnel des élèves suivant les cours.

Il importe que les cours commerciaux soient organisés avec le même soin que les cours industriels et ne se limitent pas à la sténo-dactylographie. Ici, plus encore qu'aux cours industriels, une bonne instruction générale est de première nécessité.

J'appelle enfin votre attention, d'une part, sur les cours professionnels féminins et, plus particulièrement sur les cours d'enseignement ménager, d'autre part, sur les cours de perfectionnement destinés à former des cadres.

Quant aux sanctions de l'enseignement, je désire voir se multiplier les certificats d'aptitude professionnelle. Je vous recommande d'insister sur ce point auprès des Comités Départementaux et des Commissions locales professionnelles. Il y a encore trop de professions pour lesquelles des examens en vue du Certificat n'ont pas été organisés : il y a trop de départements aussi où le Certificat d'aptitude paraît tout à fait inconnu.

**

Une mention particulière doit être faite pour les cours d'artisanat rural dont l'organisation m'a été récemment confiée, avec la collaboration de Monsieur le Ministre de l'Agriculture.

Il s'agit là, à mon avis, d'un des problèmes les plus importants de l'heure présente, à la fois pour le développement de notre agriculture et même pour l'avenir de certaines de nos industries nationales.

Ce problème vous est connu. Il vous appartient de signaler par tous les moyens en votre pouvoir, les mesures déjà prises pour en assurer la solution, écoles et cours d'artisanat rural, camions-ateliers — l'expérience tentée à Grenoble a eu, vous le savez, le plus magnifique succès — octroi de bourses d'apprentissage, caisses d'outillage.

Je vous prie, au cours de vos entretiens avec Messieurs les Préfets, d'appeler leur attention sur ces mesures en faveur desquelles une propagande pourrait être entreprise dans la presse départementale et auprès des associations agricoles.

Vous agirez de même auprès des Inspecteurs Départementaux et et régionaux et des Directeurs d'Ecoles pratiques. La collaboration de tous est nécessaire pour assurer le succès d'une œuvre urgente et d'un intérêt vraiment national.

Je n'insisterai pas sur les questions relatives à la taxe d'apprentissage. Votre présence à la Commission permanente vous a suffisamment fait connaître les conditions de son application et vous a indiqué votre rôle.

Je vous serais obligé de me signaler dans vos rapports d'inspection, les renseignements que vous aurez pu recueillir sur les résultats des dispositions prises en vue de la perception de la taxe, sur l'examen des demandes d'exonération, sur le contrôle de l'apprentissage, et des cours ou établissements privés d'enseignement professionnel.

Je vous engage à rassembler, avant vos tournées, toute la documentation utile se rapportant à la taxe d'apprentissage, de manière à pouvoir répondre aux questions qui vous seront certainement posées.

Ce conseil a d'ailleurs une portée générale. Il doit être bien entendu que vous vous mettrez au courant dans les bureaux de la direction de l'Enseignement technique de tout ce qui concerne votre circonscription d'inspection générale.

*
* *

L'orientation professionnelle constitue un service spécial, à la fois au point de vue de l'organisation et de l'inspection. Il me paraît cependant utile que tous les Inspecteurs généraux s'intéressent à ce problème.

1° L'inspection de tous les offices ne pouvant se faire en une année, il arrivera que les Inspecteurs généraux soient appelés à s'assurer du fonctionnement de certains offices. Ils auront, dans ce cas, à entrer en rapport avec les représentants du corps enseignant, avec les médecins, avec les représentants des associations professionnelles et des organes de placement.

2° Ils veilleront à ce qu'un médecin soit, autant que possible, attaché aux différentes Ecoles qu'ils auront à inspecter. Ils recommanderont aux Directeurs de relever les contre-indications physiques qui auront pu être signalées lors de l'admission.

3° Là où il y a un groupement d'établissements, ils s'assureront que l'orientation scolaire faite à la fin de l'année préparatoire tient compte des goûts et des aptitudes des élèves.

4° Ils s'assureront de même que le passage d'une année dans une autre ne se fait pas arbitrairement et montreront aux Directeurs et aux professeurs qu'il est, en cours de scolarité, des changements d'orientation parfois nécessaires.

5° Ils apporteront enfin un soin tout particulier au placement des élèves sortants qui exige la collaboration étroite de l'Ecole, des groupements professionnels et des Offices de main-d'œuvre.

*
* *

En ce qui concerne l'organisation pratique des tournées, la modicité des crédits mis à ma disposition, l'obligation de voir néanmoins le plus grand nombre d'Ecoles possible m'oblige à vous rappeler que la méthode la plus économique est d'éviter les retours fréquents au point de départ.

En conséquence, vous voudrez bien vous conformer aux itinéraires qui vous seront indiqués par la Direction de l'Enseignement technique.

*
* *

Telles sont les instructions générales qu'il m'a paru utile de vous donner en vue de la tâche si importante et si délicate qui vous est confiée.

Elles ne sauraient prétendre à en fixer les détails. Elles ne sauraient surtout limiter votre initiative qui reste et qui doit rester la vraie règle de vos fonctions.

Vous en avez donné trop de preuves, ainsi que d'un dévouement auquel je me plais à rendre, comme l'ont fait mes prédécesseurs, un nouvel hommage pour que je n'aie pas une entière confiance dans vos efforts et dans votre collaboration empressée.

Il ne s'agit pas seulement des intérêts de l'Enseignement technique, il s'agit des intérêts du pays qui leur sont liés. Il s'agit à la fois de notre prospérité économique et de notre éducation nationale dans une de ses formes les plus populaires, les plus utiles.

Je sais que vous comprenez la grandeur de cette œuvre et que vous avez foi en elle. Soyez sûrs, en la servant, de vous acquérir ma reconnaissance.

*Le Ministre de l'Instruction Publique
et des Beaux-Arts.*

E. HERRIOT.

Circulaire de M. Gaston VIDAL, *Sous-Secrétaire d'État
de l'Enseignement Technique* **aux Inspecteurs Généraux.**

Caractère général de la pédagogie de l'Enseignement Technique. — Inspection des ateliers. — Apprentissage. — Écoles primaires supérieures à Écoles pratiques.

(Paris, 1921).

J'ai l'honneur de vous rappeler les directives principales qui vous étaient données l'an dernier par M. Labbé au cours d'un entretien-conférence tenu le 31 décembre 1920. Un résumé substantiel de cet entretien vous fut adressé en temps utile, auquel vous pourrez vous reporter le cas échéant. Je laisse de côté, en effet, plusieurs des points particuliers examinés à cette époque pour appeler avec plus d'insistance votre attention sur les questions qui me paraissent essentielles et auxquelles je vous demanderai de vous attacher tout spécialement au cours de vos inspections de 1922.

1° CARACTÈRE GÉNÉRAL DE LA PÉDAGOGIE DANS L'ENSEIGNEMENT TECHNIQUE.

Dans nos écoles techniques — et particulièrement dans les écoles pratiques — l'enseignement même de la profession absorbe — il n'en saurait être autrement — la plus grande part de l'emploi du temps ; dès lors, la part des « enseignements généraux » apparaît nécessairement réduite, surtout si l'on compare les horaires à ceux des écoles primaires supérieures, par exemple. Cependant nos élèves ont besoin, eux aussi, d'une « tête bien faite » ; il faudra donc leur dispenser une certaine « culture », c'est-à-dire les entraîner à observer et à réfléchir, leur former un jugement sûr, une intelligence lucide, une conscience droite, une volonté ferme. Puisque nous ne disposons pour cela que d'un temps réduit, il est clair que nous devrons, plus encore que partout ailleurs, rechercher les conditions d'un bon rendement, et nous conformer rigoureusement aux indications d'une saine pédagogie. Qu'on évite donc toute perte de temps en éliminant des programmes ce qui ne serait pas d'un intérêt évident ou risquerait de dépasser le niveau moyen des intelligences ; qu'on utilise les meilleures méthodes, celles qui ont fait leurs preuves et sont adaptées à l'âge des enfants et au degré de leur développement. Les programmes officiels contiennent à ce sujet des directions et des conseils que nos jeunes maîtres auraient profit à relire souvent ; vous les leur commenterez, s'il en est besoin, et y ajouterez ce que vous dicteront les circonstances ou que votre propre expérience vous suggérera.

Il est un point surtout sur lequel votre attention a déjà été attirée et que vous ne sauriez trop rappeler au cours de vos inspections : c'est que, dans notre Enseignement technique, le but essentiel est la préparation à une profession, ou à une carrière industrielle ou commerciale ; dès lors, tout doit converger vers ce but ; tous les enseignements, même ceux qu'on qualifie parfois de « désintéressés », doivent *s'orienter* vers cette fin ; c'est ce qu'essaye de traduire cette formule : « tout *pour* la profession et *par* la profession. »

La conséquence, c'est que les enseignements généraux, à l'école pratique, tout en conservant leur caractère éducatif, doivent cependant prendre une allure particulière. S'agit-il de mathématiques, par exemple, tel théorème devra retenir longuement l'attention, parce qu'il comporte des applications à la profession ; tel autre, au contraire, pourra être laissé de côté ou signalé seulement en passant pour une raison inverse ; d'autre part, les exercices d'application, autant que faire se peut du moins, seront empruntés au milieu professionnel : s'agit-il de langue française, on choisira les textes à expliquer dans la littérature qui intéresse particulièrement le monde du commerce ou de l'industrie : applications de la science, histoire du travail et des travailleurs, organisation industrielle ou commerciale moderne, etc...

Une autre conséquence aussi, c'est que tous nos enseignements devant être orientés nettement vers le but commun, adaptés à une nécessité commune, ne pourront plus s'isoler, mais devront, au contraire, se pénétrer et se prêter un mutuel appui ; on ne devra donc plus rencontrer à l'école pratique — je cite par exemple seulement — un enseignement de la géométrie conçu exactement comme il pourrait l'être dans un collège ou un lycée ; une adaptation est nécessaire pour que l'enseignement donné en classe par le professeur vienne éclairer, au lieu de le troubler, celui que donne, à l'atelier, le contremaître ou le chef des travaux. Et ceci souligne la nécessité pour les maîtres de tous ordres d'une même école de se réunir souvent, de discuter entre eux les questions de méthode et de s'entendre pour faire converger tous les efforts vers le but commun.

C'est dans cet esprit qu'on vous signalait, l'an passé, une pratique qui a donné les meilleurs résultats et qui consiste pour vous en ceci : au cours d'une inspection, confier à un très bon maître le soin de préparer une leçon-type, qu'il fera devant un groupe d'élèves, dans les conditions habituelles, mais en présence de tout le personnel enseignant, spécialement convoqué à cette intention. Les élèves s'étant retirés, instituer une critique serrée et contradictoire de la leçon entendue, la diriger et montrer, comme conséquence, l'importance de la méthode et la contribution qu'une même leçon peut apporter à divers enseignements.

Toutes nos écoles pratiques sont en possession des petites brochures fixant les directions pédagogiques nécessaires à l'enseignement du dessin industriel et de l'électricité ; je vous engage à vous entendre ensemble pour assurer la rédaction de directives semblables pour les autres enseignements : langues étrangères, commerce et comptabilité, etc...

2° INSPECTION DES ATELIERS.

Il est certain que la plupart des inspecteurs — et cela se conçoit — ne sont pas spécialement compétents pour juger du bon fonctionnement des ateliers ou de la valeur professionnelle des contremaîtres, et des chefs ou des sous-chefs d'atelier. Mais il est bien des choses qu'avec un peu de bonne volonté, et après avoir préparé soigneusement votre inspection, vous pouvez contrôler par vous-mêmes et au sujet desquelles vous pouvez donner d'utiles directions.

a) En ce qui concerne les diverses professions enseignées à l'école, par exemple, vous pourrez avoir en mains une *série-type* d'exercices pédagogiques, établie avec soin, après consultation de personnalités compétentes (toujours susceptible de révision, évidemment) une progression à laquelle vous pourrez comparer celle qui a été arrêtée par le chef des travaux, ainsi d'ailleurs que la série des travaux déjà exécutés au moment de votre passage. Vous pourrez ainsi juger de l'allure de l'apprentissage et de la valeur comparative de l'enseignement pratique.

S'il s'agit de l'outillage de l'atelier, vous pourrez de même avoir établi, au préalable, un ou deux *plans-modèles* d'atelier, avec *outillage-type* pour des nombres variables d'élèves. En comparant la disposition et la composition de l'outillage que vous aurez sous les yeux avec *l'organisation-type*, vous pourrez apprécier exactement les besoins des ateliers, et vous serez armés pour toutes démarches à tenter auprès des Municipalités, des Chambres de Commerce, des Organisations corporatives ou même des particuliers dans le but de compléter le matériel insuffisant.

b) Vous savez l'effort heureux qui a été tenté cette année auprès du Parlement en vue d'introduire dans le budget de l'Etat concernant les ateliers des Écoles techniques, le principe industriel de l'amortissement du matériel.

Vous pourrez user de votre influence auprès des Municipalités (ou des organismes qui subventionnent nos écoles pratiques) et leur conseiller d'appliquer le même principe, c'est-à-dire d'inscrire, régulièrement, dans leur budget, les sommes représentant la part d'amortissement annuel de l'outillage.

c) Vous avez désormais un guide sûr en ce qui concerne *le carnet d'atelier*. Ne perdez pas de vue que la tenue régulière de ce carnet, avec indications précises concernant non seulement le *mode d'exécution*, mais aussi la durée effective et la « valeur de rendement » du travail, le salaire réel ou fictif de l'élève rapporté à celui d'un ouvrier moyen, est à nos yeux d'une importance capitale. Attachez vous-mêmes à ce document tout le prix qui convient et obtenez du personnel que le carnet reflète aussi exactement et complètement que possible la vie même de l'atelier, et qu'il devienne ainsi, entre les mains de l'élève, un sérieux moyen d'appréciation de sa valeur professionnelle.

d) Dans vos entretiens avec les Municipalités, attachez-vous à montrer le rôle important des contremaîtres dans l'apprentissage d'une profession ; exigez le concours pour le recrutement de ce personnel, fournissez les programmes de ces concours ; intéressez-vous aux salaires des contremaîtres et intervenez, s'il le faut, auprès des Municipalités, pour en obtenir l'amélioration, montrez que le recrutement de ces fonctionnaires sera facilité, s'il existe un statut municipal dont vous aurez à fournir le modèle.

e) Il est nécessaire de constituer à la Direction de l'Enseignement technique les archives de chaque école pour permettre de fixer les besoins en matériel d'enseignement, pour obtention d'outillage industriel et commercial. Dans ce but, je vous engage à compléter les imprimés fournis par les 3e et 4e bureaux.

f) Je vous engage à faire donner la plus grande publicité aux certificats de capacité professionnelle qui doivent sanctionner l'apprentissage ; il faut éveiller l'émulation de tous en faisant concourir ensemble apprentis de l'industrie et apprentis de nos écoles. La délivrance du certificat de fin d'apprentissage peut être l'occasion d'expositions de travaux d'apprentis qu'il faut encourager.

g) Pour assurer le contact de l'école avec l'industrie ou le commerce, je vous engage à nous désigner les membres du personnel qui doivent faire un stage dans les usines, les bureaux de dessin, les maisons de commerce, etc... et je vous rappelle les directives données à ce sujet dans ma circulaire récente en vous priant de les commenter à nouveau.

Sur tous ces points et sur d'autres que je n'énumère point, vous pouvez donc agir personnellement, directement et efficacement. Il reste bien entendu qu'en ce qui concerne l'exécution du travail même, le contrôle des procédés d'usinage et de l'organisation technique des ateliers, vous devez, sans hésiter, faire appel à la collaboration des personnes les plus qualifiées : inspecteurs départementaux et régionaux de l'Enseignement technique, industriels membres du Conseil de Perfectionnement, ouvriers d'élite, etc... Il n'est pas douteux que nos Inspecteurs départementaux, particulièrement, seront à la fois heureux et fiers de vous accompagner dans vos visites aux ateliers et que vous retirerez de leur collaboration confiante un bénéfice certain.

J'ajoute, en passant, qu'ils vous aideront à vous former une opinion raisonnée quant à la valeur personnelle (tant morale que professionnelle) de chaque contremaître ; or, vous savez que l'administration a besoin d'être exactement fixée à cet égard, en prévision de la « nationalisation » possible de ces agents.

3° INSPECTION DES ECOLES A INTERNATS.

Je vous demanderai aussi de contrôler exactement la situation des internats et de vous assurer de leur bonne tenue tant au point de vue moral que matériel.

Vous vous inquiéterez du degré de prospérité des écoles et envisagerez leurs possibilités de développement, tant au point de vue des locaux et du matériel, etc... qu'au point de vue des facilités de recrutement et de placement des élèves. Les nouvelles dispositions d'accord concertées entre le Ministre de l'Instruction Publique et des Beaux-Arts et le Sous-Secrétaire d'Etat de l'Enseignement technique vous conduiront également à examiner les modifications qu'il serait souhaitable d'introduire, le cas échéant, dans les rapports de l'école pratique avec l'établissement voisin : école primaire supérieure ou collège communal. Je m'en rapporte sur ce terrain à vos qualités d'initiative, mais aussi de prudence et de tact.

4° LE DÉVELOPPEMENT DE L'APPRENTISSAGE.

Au lendemain du Congrès de Lyon, il n'est nul besoin d'attirer votre attention sur l'importance, non plus que sur les divers aspects du problème de l'apprentissage.

Je vous rappelle seulement que diverses questions, telles que *l'orientation professionnelle des enfants, l'organisation des chambres de métiers, la création d'une taxe spéciale d'apprentissage,* le développement des cours *professionnels* et leur adaptation toujours plus étroite aux besoins des professions, etc... sont à l'ordre du jour de l'opinion.

Dans ce domaine, particulièrement, votre action peut être singulièrement feconde en résultats pratiques ; vous vous tiendrez en contact, le plus possible, avec les organisations qui ont fondé des cours ou les subventionnent, avec les Chambres de commerce, avec les Chambres syndicales patronales ou les syndicats ouvriers et les bourses du travail, avec les Comités, conseils ou commissions qui ont à connaître des œuvres d'orientation professionnelle ou d'apprentissage.

Dans la plupart des milieux industriels ou commerciaux, l'œuvre est ébauchée ; des initiatives se sont manifestées, des efforts intéressants et sérieux ont été tentés, mais le plus souvent sans accord préalable et sans plan d'action ; il y aurait sans doute grand intérêt à dresser ce plan et à en poursuivre la réalisation dans l'association et la coordination des bonnes volontés d'où qu'elles viennent, sans considération de « classe ou de caste », de parti ou d'opinion. Cette œuvre n'est-elle pas digne de vous tenter ?

5° LES INTÉRÊTS DU PERSONNEL.

Je n'ajouterai qu'un mot relatif au personnel enseignant. Ce personnel est compétent autant que consciencieux et dévoué. Nous attendons beaucoup de nos maîtres de tous ordres et leur demandons un gros effort ; c'est donc justice de nous préoccuper de leurs intérêts professionnels et moraux. Je vous conseille de leur témoigner, en toute circonstance, votre estime et votre sympathie, de vous enquérir de leur situation de famille et de leurs desiderata, et de nous signaler — à part — tous les cas intéressants (nombre des enfants, par exemple). N'hésitez jamais à nous demander pour eux les récompenses ou distinctions auxquelles ils pourraient prétendre : je vous serai personnellement obligé de toute initiative que vous croirez devoir prendre en ce sens.

6° COMITÉS ET COMMISSIONS.

Vous aurez à profiter de votre passage pour provoquer les réunions :

du Comité départemental de l'Enseignement technique,
de la Commission locale professionnelle,
du Conseil de Perfectionnement de l'école,
du Conseil des Professeurs

excellentes occasions de mettre en contact l'administration, les industriels, les commerçants, le personnel enseignant, etc...

Prenez connaissance, avant de partir en tournée, des subventions accordées aux écoles et aux cours professionnels et vérifier leur utilisation.

7° Il faut engager notre personnel à collaborer avec la Direction de l'Enseignement technique, en l'invitant à nous adresser des études sur les multiples questions qui intéressent l'Enseignement technique ; le meilleur acceuil sera fait à ces envois.

8° ÉCOLES PRIMAIRES SUPÉRIEURES ET ÉCOLES PRATIQUES.

La plupart des maires auxquels a été adressée notre circulaire du 4 novembre dernier, portant réglementation des rapports à établir entre écoles pratiques et écoles primaires supérieures, ont abondé dans nos vues et se montrent disposés à séparer nettement l'enseignement industriel ou commercial de l'enseignement général et à rattacher les sections professionnelles des écoles primaires supérieures à la direction compétente, c'est-à-dire à la direction de l'Enseignement technique.

Il résulte cependant, de quelques-unes des réponses reçues que la dite circulaire n'a pas toujours été exactement comprise ; des hésitations, des incertitudes se sont manifestées qui nous obligent à préciser les points suivants :

1° Tout d'abord, il n'y a guère de commun que le *mot* « professionnel » entre l'enseignement donné dans les écoles pratiques et celui qui est donné dans les sections professionnelles de la plupart des écoles primaires supérieures ; mais la *chose* est tout à fait différente.

Il y a bien quelques écoles primaires supérieures qui sont organisées en vue de donner un enseignement véritablement professionnel, et qui le donnent effectivement. En droit, en vertu de l'article 69 de la loi du 26 janvier 1892, ces écoles auraient dû être rattachées en temps utile au Ministère du Commerce ; ce sont, celles-là que vise la circulaire du 4 novembre et qui « seront transformées en écoles pratiques ». Mais la plupart des autres n'ont même pas l'intention d'apporter une contribution sérieuse à l'apprentissage des métiers ; elles ne tendent qu'à une « initiation professionnelle ». Certes, les travaux manuels y figurent à l'emploi du temps ; mais on ne peut leur consacrer que quelques heures par semaine, et le résultat qu'on en attend est uniquement de donner quelque adresse et quelque souplesse à la main ; ces travaux, ne sont, au fond, comme dans certains établissements secondaires, qu'un instrument d'éducation générale. Il convient de remarquer qu'à l'école pratique le but poursuivi est totalement différent ; l'enseignement pratique y est nettement donné en vue de la profession, et, en conséquence, il est confié à des hommes de métier. On y consacre pas moins de 24 heures par semaine à cet enseignement (en dehors du dessin) en 1ʳᵉ année, 28 heures en 2ᵉ et 30 heures en 3ᵉ année ; même au cours du dernier semestre, pendant la période d'entraînement, » les exercices professionnels absorbent la presque totalité de la journée scolaire. C'est qu'il y a entre les deux catégories d'écoles une différence essentielle caractérisée récemment ainsi par le représentant des écoles primaires supérieures : « les écoles pratiques, et c'est leur raison d'être préparent *efficacement* et *directement* leurs élèves à l'exercice d'une profession ; les écoles primaires supérieures s'occupent d'*abord* de culture générale et ensuite d'*initiation professionnelle* ».

Notre intention commune a été celle-ci : plus de vues divergentes et de luttes stériles, plus de doubles emplois ni dans l'outillage ni dans le personnel ; au Ministère de l'Instruction Publique, la section d'enseignement général ; au Sous-Secrétariat, la section d'enseignement professionnel et technique. Voici une ville dont le milieu est nettement industriel ou commercial et qui possède une école primaire supérieure ; on reconnaît la nécessité de créer des sections professionnelles. Soit. Pour éviter des frais inutiles, ces sections seront installées à l'école primaire supérieure, mais elles relèveront de la direction compétente, c'est-à-dire de l'Enseignement technique. Voici une autre ville, à caractère industriel encore plus marqué ; elle possède une école pratique et pas d'école primaire supérieure ; cependant le besoin se fait sentir d'une section d'enseignement général. Soit. On l'installera à l'École pratique, mais elle relèvera du Ministère de l'Instruction Publique. Tel est le sens de la réforme que nous avons voulu réaliser et dont nous attendons, à la fois une amélioration de l'enseignement et une diminution sérieuse de dépenses.

2° Quelques-uns paraissent redouter au point de vue de la « culture générale », le transfert des sections professionnelles à la Direction de l'Enseignement technique. Nous voudrions leur apporter sur ce point quelques apaisements. Certes, l'enseignement pratique occupe dans les horaires des écoles pratiques une place importante, prédominante même ; pouvait-il en être autrement, étant donné le but poursuivi ? Il a donc bien fallu réduire le temps consacré à divers enseignements considérés généralement comme des « enseignements de culture ». Mais il serait contraire à la vérité de penser que, dans ces écoles, on se désintéresse de tout ce qui est « éducation générale » au profit d'une enseigne « bassement utilitaire ». Il suffit pour s'en convaincre de lire les instructions pédagogiques qui accompagnent leurs programmes. Elles recommandent avec insistance de ne point négliger le côté éducatif, de développer chez les élèves les facultés de réflexion et d'observation, de leur faire acquérir des habitudes de goût, d'ordre et de méthode... etc. ; n'est-ce point là ce qui caractérise précisément toute culture digne de ce nom ? Ne sait-on pas d'ailleurs, depuis longtemps, que la « vertu éducative d'un enseignement dépend bien moins de sa *matière* que de sa forme, et que, lorsqu'il s'agit d'enseignement surtout, « la façon de donner vaut mieux que ce qu'on donne ».

Il y a, écrivait un des maîtres de la science de l'éducation, « il y a une façon stérile et absurde d'enseigner les plus belles choses, comme *il y en a une judicieuse et féconde d'enseigner les plus humbles*. « Nous sommes tout à fait de son avis, et nous estimons qu'on peut enseigner » d'une façon judicieuse et féconde « même les choses de la profession ; nous pensons, fermement, qu'on peut, à l'Ecole pratique, enseigner à un enfant un *métier*, sans pour cela perdre de vue le développement de ses qualités naturelles d'attention, de réflexion et d'observation, sans oublier un instant d'éclairer son jugement et son intelligence, de fortifier sa volonté et ses dispositions au bien. Au surplus et en fait l'élève d'école pratique réussit-il moins bien au concours des Arts et Métiers quoi qu'il ait fréquenté une école technique et passé de longues heures à l'atelier ? Et cependant, ce concours est un de ceux qui exigent une culture générale déjà sérieuse.

3° Cette dernière remarque nous conduit à préciser un autre point de la circulaire du 4 novembre, sur lequel on a pu se méprendre. On a cru que nous allions supprimer la préparation aux Arts et Métiers, *partout où elle existe dans les écoles pratiques*. Telle n'est pas notre intention : par leur enseignement, par l'origine de leurs élèves, les écoles pratiques sont parfaitement désignées pour assurer le recrutement des écoles nationales d'Arts et Métiers. Nous voulons simplement, dans les écoles jumelées, confier à la section générale, c'est-à-dire à l'école primaire supérieure, la véritable préparation à ces écoles des élèves des sections professionnelles. Mais à quel moment ? Dès le début ? Non, mais à 16 ans seulement lorsque ces élèves auront terminé leurs trois années d'études pratiques normales (1). A cet âge, ils auront acquis les connaissances professionnelles essentielles dont les apprentis ont besoin pour devenir très rapidement de bons ouvriers ; ils pourront donc courir, sans danger pour leur avenir, les chances d'un concours difficile. S'ils réussissent, tant mieux ; mais s'ils n'ont pas l'étoffe nécessaire ou si la chance ne leur sourit pas, du moins leur préparation antérieure n'aura pas été inutile ; ils auront en mains un métier ; ils ne seront pas perdus pour l'industrie.

_____

(1) A remarquer que la limite d'âge supérieure pour le concours d'admission vient d'être reportée à 19 ans.

Ces quelques explications nous ont paru nécessaires pour préciser la question soluble soulevée par notre circulaire du 4 novembre.

9° RAPPORT DE FIN D'ANNÉE.

Outre les rapports sur chaque école ou cours professionnels, vous aurez à m'adresser, en fin d'année scolaire, un rapport d'ensemble où seront indiqués les résultats obtenus et les projets à réaliser.

G. VIDAL,
Sous-Secrétaire d'Etat
de l'Enseignement Technique.

Circulaire de **M. Yvon DELBOS**, *Sous-Secrétaire d'État de l'Enseignement technique* aux **Inspecteurs Généraux, Inspecteurs Régionaux, Inspecteurs Départementaux.**

Action des Inspecteurs Généraux.– Organisation et développement des Cours professionnels.

(Paris, 1925).

Chaque année, au moment où, après la période de repos que constituent les vacances, la vie reprend dans nos Ecoles, chacun de vous, jetant un regard sur le travail effectué au cours des mois écoulés, constatant les résultats obtenus, préoccupé de ce qui reste à faire, établit un plan de campagne et, s'appuyant sur ce qui est bien, songe à faire encore mieux. Aucun de vous, en effet, ne saurait concevoir sa tâche comme entièrement remplie, quelles que soient les satisfactions qu'elle ait pu lui réserver, quelque belle que lui paraisse l'œuvre déjà réalisée. Il sait que celle-ci n'est jamais complète, qu'on y peut ajouter, qu'il convient parfois de l'élaguer, souvent de la modifier, toujours de l'améliorer. Et c'est vers cette amélioration que votre esprit se tend comme se tendent vos efforts et votre bonne volonté.

Mes honorables prédécesseurs ont tenu à vous rappeler périodiquement par leurs circulaires, notes et instructions, les règles qui doivent présider à votre mission, les principes sur lesquels elle s'appuie et qui doivent vous servir de guides. Je ne saurais mieux dire ni mieux faire qu'ils n'ont fait et dit ; mais je me dois à moi-même de suivre l'exemple qu'ils m'ont donné et de venir, à mon tour, vous dire ma pensée à ce sujet.

L'Enseignement technique prend de jour en jour, non pas seulement dans notre pays, mais partout dans le monde la place qui lui revient. I semble que le trouble profond apporté dans la vie sociale et économique par les années terribles que l'on vient de vivre, ait eu pour conséquence, d'en montrer plus clairement la nécessité. Il importe donc de favoriser — en tant que cela dépend de nous, — son complet développement, et, pour cela, de tirer parti des circonstances, de profiter du mouvement d'opinion qui existe ; imposons-nous, non pas seulement en nous appuyant sur la loi qui ne fait que consacrer ce mouvement d'opinion, mais sur notre conviction profonde, d'en faire voir toute l'importance et toute la valeur.

Tout le monde est, d'ailleurs, d'accord, pour reconnaître à cet enseignement de nombreuses qualités : il est concret, pratique, il s'adapte aux besoins locaux, aux nécessités particulières du commerce et de l'industrie ; il est varié, complexe, vivant. Il s'est donné pour but de former la main-d'œuvre éclairée qui tendait de jour en jour à se faire plus rare ; il prépare pour cette main-d'œuvre, les cadres qu'il lui faut ; au sommet, il a l'ambition de faire arriver les meilleurs, ingénieurs, directeurs, à la fois techniciens et conducteurs d'hommes. De tout cela, on lui sait gré. Mais on lui reproche, en certains milieux et à tort, de se montrer trop exclusivement utilitaire et de sacrifier sa culture générale à la préparation professionnelle. — Ceci est bientôt dit ; resterait à le justifier.

En fait, on perd de vue, ou plutôt on n'a su ni voulu discerner que, dans le plan d'ensemble de notre éducation nationale, l'Enseignement technique n'est pas quelque chose d'absolument distinct, d'absolument isolé. S'il vit de sa vie propre, s'il poursuit un but déterminé, il ne le fait cependant qu'en s'appuyant sur une culture « générale » plus ou moins développée, plus ou moins profonde, de plus ou moins large envergure selon les milieux auxquels il s'adresse, et au développement de laquelle il entend, lui aussi, contribuer pour sa part en utilisant les éléments dont il dispose. Apprendre à observer, à raisonner à l'occasion d'un travail à entreprendre, d'une tâche à exécuter, n'est-ce pas cultiver l'esprit ? Se placer en présence de l'œuvre — même matérielle — à réaliser, se rendre compte des efforts nécessaires, de l'énergie à déployer pour la mener à bien, n'est-ce pas contribuer au développement de la volonté ? Constater à tout moment, dans l'exécution de cette tâche qu'on est solidaire de ceux qui y participent et tributaire de leur savoir et de leur expérience, n'est-ce pas le stimulant le plus actif des sentiments de sympathie universelle ; tendre toujours vers le mieux, le fini, le beau ; le rechercher dans le juste équilibre, un rapport logique entre les formes, les proportions de l'œuvre et les conditions rationnelles de son utilisation, n'est-ce pas, même dans le domaine utilitaire, pratique, contribuer au développement du sens esthétique ? On peut donc affirmer que notre enseignement, pour terre à terre qu'il apparaisse, est aussi un moyen de culture générale : il ne voit pas seulement dans l'élève qui lui est confié, l'apprenti, le travailleur, le spécialiste étroitement rivé à sa tâche, il ne perd pas de vue que c'est avant tout l'homme qu'il s'agit de former.

Cela, vous le savez ; de cela, vous êtes persuadés ; c'est cela qu'il vous vous appartient de mettre toujours en relief ; c'est cette vérité, car c'en est une ; c'est cette foi dans la valeur éducatrice de l'Enseignement technique dont il faut que vous animiez les maîtres de nos écoles, dont il faut que soient également convaincus tous ceux qui, de près ou de loin, s'intéressent à notre œuvre.

Vous avez tous acquis dans l'enseignement une expérience pédagogique incontestable et incontestée ; par vos relations et votre contact permanent avec les milieux industriels et commerciaux, vous connaissez les aspirations, les besoins, les nécessités auxquels il faut faire face ; vous possédez, de ce fait, auprès du Corps enseignant, une autorité personnelle qu'il reconnaît juste et légitime ; auprès des pouvoirs locaux, des groupements professionnels dont la collaboration nous est nécessaire, elle vous assure une influence dont il importe que vous sachiez tirer parti. Comment s'exercera votre action ?

Au point de vue pédagogique, voici comme je la conçois :

Le maître vraiment digne de ce nom n'est pas seulement celui qui se borne à l'accomplissement régulier d'une besogne quotidienne, à suivre à la lettre un programme, à se soumettre docilement à une direction, quelque intelligente qu'elle soit. C'est là un ouvrier à sa tâche ; ce n'est pas un apôtre pénétré de la hauteur et de l'importance de sa mission... Mais, dans l'ensemble, le personnel de nos Ecoles vaut beaucoup mieux : il désire bien faire, il cherche, il a de l'initiative. — C'est à favoriser cette initiative, à encourager ces efforts, à diriger, à guider, à conseiller tous ceux qui font preuve de zèle et de bonne volonté qu'il faut que vous vous attachiez. Ce sera là œuvre de collaboration intelligente et de mutuelle confiance, génératrice de progrès au profit de tous par la mise en commun des efforts de chacun.

Favoriser les initiatives, grouper les efforts, les diriger, c'est donc avant tout le rôle qui vous échoit.

Dans les instructions qui vous ont déjà été adressées et auxquelles je me référais en commençant, l'on vous a indiqué un moyen d'amener cette collaboration désirable et de lui faire produire des résultats :

« Au cours d'une inspection, confier à un très bon maître le soin de préparer une leçon-type, qu'il fera devant un groupe d'élèves, dans les conditions habituelles, mais en présence de tout le personnel enseignant, spécialement convoqué à cette intention. Les élèves s'étant retirés, insti-

tuer une critique serrée et contradictoire (j'ajouterai seulement : bienveillante et confraternelle) de la leçon entendue, la diriger et montrer, comme
conséquence, l'importance de la méthode et la contribution qu'une même
leçon peut apporter à divers enseignements. »

Je crois cependant utile de compléter cette recommandation, en vous
signalant l'intérêt qu'il y aurait, au point de vue général, à ce que, au
cours d'une même campagne d'inspection, la leçon ainsi exposée et discu-
tée soit prise, pour chaque école, dans une même partie du programme
général. Il vous sera ainsi possible de mieux comparer entre elles les
méthodes suivies, de vous rendre compte de la valeur des procédés et leur
originalité, de grouper les observations faites, de les synthétiser et
d'apporter ainsi peu à peu dans tout l'enseignement, sinon l'unité absolue
qui, au fond, n'est ni possible ni même désirable, au moins certaine uniformité d'ensemble, une orientation nettement définie, la convergence des
idées, des vues, des moyens vers le but poursuivi, qui est la formation
intelligente, logique, rationnelle du travailleur.

Je ferai, sur le même sujet, une deuxième observation ;

Quel que soit, chez chacun, le désir d'accomplir au mieux la tâche qui
lui incombe et de donner à son enseignement le caractère qu'il doit avoir,
il ne peut ni ne doit se désintéresser de ce qui se fait à côté. En d'autres
termes, en raison même du caractère convergent que doivent avoir toutes
les parties de nos programmes, il est indispensable qu'il s'établisse, dans
leur développement, un rythme tel que, à un moment quelconque, elles se
prêtent un mutuel appui. Or, ce rythme ne peut être obtenu qu'au moyen
d'une véritable discipline : il faut, outre le désir ou la volonté de tous, une
règle, une volonté qui s'impose à chacun. Le moyen d'y arriver, le seul
efficace à ma connaissance, c'est qu'au début de chaque année scolaire, il
soit établi d'un commun accord, dans chaque école et pour chaque section,
une répartition des leçons et exercices pour chaque partie du programme
et pour l'année entière, de telle sorte que la corrélation des enseignements
se trouve ainsi fixée d'avance et — assurée tout au moins, garantie contre
les surprises, les à-coup, les contre-temps —. Il conviendra que vous appe-
liez sur ce point l'attention de tous et que, avec le concours des directeurs
et directrices, vous teniez la main à ce qu'il y soit donné satisfaction.

Je ne reviendrai pas sur ce qui a été déjà si bien mis en lumière par
mes prédécesseurs au sujet de l'importance primordiale de l'enseignement donné dans les ateliers de nos écoles professionnelles et de nos
écoles pratiques : l'apprentissage, logiquement et rationnellement entre-

pris et poussé à fond, c'est leur caractéristique et c'est leur raison d'être. On peut dire que l'atelier est le véritable centre d'attraction de tout notre enseignement ; c'est autour de lui, c'est en vue d'une éducation vraiment scientifique du travailleur en puissance qu'on y forme, que tous les autres enseignements sont donnés. On ne saurait donc concevoir d'autre manière d'être qu'une collaboration étroite, permanente quotidiennement renforcée, du personnel technique et des professeurs des cours généraux, en vue d'une seule et unique culture, la culture professionnelle qui, ainsi qu'on l'a vu plus haut, se doit de mener de front la formation de l'homme en tant qu'homme et sa formation en tant que producteur.

Je crois, d'ailleurs, que dans ce domaine pédagogique et éducateur, vous trouvez partout une conviction ardente qui, sans diminuer en quoi que ce soit le rôle que vous êtes appelés à jouer, rend votre action relativement facile et particulièrement efficace. Quand, de part et d'autre, on possède la foi dans l'œuvre entreprise, le reste vient par surcroît.

A cette action, en quelque sorte intérieure, doit s'ajouter une action extérieure, s'exerçant sur les milieux, les organisations, municipalités, syndicats patronaux et ouvriers, chambres de commerce, etc... qui peuvent et doivent s'intéresser à l'Enseignement technique. Cet intérêt ne demanderait souvent qu'à s'affirmer et à se traduire en actes ; parfois aussi il exigerait d'être éclairé, soutenu, encouragé, stimulé. Vous avez, pour vous aider dans cette tâche, des collaborateurs particulièrement précieux : je veux parler des inspecteurs régionaux et départementaux dont le rôle et la mission ont été très heureusement définis dans la circulaire du 10 janvier dernier : « Ce sont, a-t-on dit, les collaborateurs bénévoles de l'Administration ; c'est exact, mais ce n'est pas tout. Ils sont surtout les représentants auprès d'elle des industriels et des commerçants dont ils connaissent les désirs, les aspirations, les besoins, etc... ; et, d'autre part, ils sont auprès de ces derniers, en même temps que des conseillers avertis, les porte-parole de cette même administration lorsqu'il s'agit de rechercher et de mettre en œuvre les moyens de réaliser leurs conceptions. Ils sont aussi les bons ouvriers qui savent semer autour d'eux les idées qui germent et qui produisent ; ils créent le mouvement et savent l'entretenir, le soutenir, le stimuler au besoin ; nous dirions volontiers qu'ils sont la cellule autour de laquelle viennent s'agréger les énergies et les bonnes volontés auxquelles elle donne la vie. Industriels et commerçants eux-mêmes, ils groupent autour d'eux les commerçants et les industriels qu'ils connaissent, qui les voient chaque jour à l'œuvre, à qui ils inspirent confiance.

« C'est dans leur conviction profonde de la nécessité d'un enseignement directement approprié aux besoins du commerce et de l'industrie qu'ils puisent l'énergie voulue pour convaincre les autres ; c'est aussi dans le sentiment du service qu'ils rendent ainsi à la collectivité tout entière qu'ils trouvent la force de persuasion qui écarte ou fait disparaître les obstacles. Vivant au milieu des ouvriers, en contact permanent avec les employés, ils savent les raisons qu'il convient de faire valoir auprès d'eux pour que, dociles à leurs conseils et acceptant les directions que leur dicte leur sympathie, ils se montrent prêts à profiter des moyens de s'instruire et de s'améliorer professionnellement qu'on s'efforce de mettre à leur disposition. »

Vous ne manquerez donc pas de vous mettre, en toutes circonstances, en rapport direct et étroit avec eux et, par eux, avec les municipalités et les organisations diverses dont il vient d'être parlé.

Ceci est d'autant plus urgent et plus nécessaire que, par suite des ressources nouvelles que la loi vient de mettre à la disposition de l'Enseignement technique pour développer les œuvres d'éducation professionnelle (Taxe d'apprentissage), il faut prévoir, à bref délai, une extension rapide de ces œuvres. Il conviendra de régler, de diriger, le mouvement qui ne va pas manquer de se produire, sans se dissimuler certaines difficultés d'application qu'il faudra éviter ou s'appliquer à résoudre.

Je suis ainsi amené à appeler votre spéciale attention sur l'organisation et le développement des cours professionnels créés par la loi du 25 juillet 1919.

Ces cours se répandent peu à peu, sur les différents points du territoire. Mais, faute peut-être de directions précises, ils ne répondent pas toujours aux intentions de la loi et ne rendent pas aux jeunes gens et jeunes filles astreints à les suivre tous les services qu'ils seraient en droit d'en attendre. Ils s'organisent un peu au hasard des circonstances ; ils manquent de programmes, de matériel, voire d'un personnel enseignant bien préparé à sa mission, parce qu'il n'est pas suffisamment éclairé ni sur le but à atteindre, ni sur les moyens d'y arriver.

On se trouve ainsi en présence de tentatives presque toujours vouées à l'insuccès — particulièrement dans les centres de petite importance industrielle et commerciale ; l'indifférence des uns, l'apathie des autres contribuent, en outre, à leur échec.

Il nous appartiendra de réagir et le meilleur moyen sera de bien définir, partout où les cours existent, partout où il faut qu'ils se créent, le caractère qu'il convient de leur donner.

Les cours professionnels ont pour but :

1° De donner aux apprentis les compléments d'instruction générale utiles à l'exercice de leur profession ;

2° De les familiariser avec la lecture et la pratique du dessin indústriel ;

3° de leur fournir les notions de technologie de nature à les intéresser et à éclairer pour eux la pratique de leur métier.

Tout converge donc, et directement, vers la profession et c'est en partant de ce point de vue qu'on pourra dresser, pour tous les cas et dans tous les milieux du travail, les programmes convenables d'enseignement et d'éducation professionnelle.

Si l'on considère, d'autre part, que ce n'est pas seulemeut l'apprenti, mais l'homme, le citoyen en puissance, que l'on a devant soi, on complétera cet enseignement d'ordre pratique et utilitaire, par les conseils, les directions d'ordre moral et civique propres à faire naître ou à raffermir dans son esprit et dans son cœur les sentiments de justice, d'équité, de solidarité sur lesquels s'appuie toute société organisée. Il ne s'agit pas, en fait, de reprendre ici un enseignement dogmatique, mais seulement de créer une ambiance, d'imprégner en quelque sorte l'apprenti du sentiment de ce qu'il se doit à lui-même, de ce qu'il doit aux autres comme homme et comme citoyen.

Dans ces conditions, quelles sont les directives à suivre ?

En ce qui concerne les compléments d'instruction générale, on ne saurait songer à reprendre ou à refaire les cours ou leçons de l'école : ce serait une tâche que le temps dont on dispose ne permettrait pas de mener à bien ; on se heurterait aussi et c'est une constatation d'expérience, à une certaine résistance de la part même de ceux qui, ayant quitté l'école pour vivre désormais uniquement de la vie de l'atelier, établissent entre les deux une véritable opposition. Il convient donc de se borner : les notions enseignées seront fournies en quelque sorte accessoirement à l'occasion des exercices de dessin, des leçons de technologie, avec lesquels elles feront corps et qu'elles contribueront à rendre plus précis en même temps que professionnellement plus directement utilisables.

Le dessin comportera des exercices de croquis à main-levée ou n'exigeant que l'emploi d'un matériel simple et en quelque sorte élémentaire. (Il s'agit, bien entendu, d'apprentis à l'atelier et non de futurs dessinateurs). On attachera une importance particulière à la lecture, à la décomposition des bleus qui, pour l'ouvrier, constituent une véritable langue technique dont il ne peut se passer, qui lui est indispensable. En outre, au croquis lui-même s'ajouteront pour les chaudronniers, tôliers, zingueurs, etc... des exercices de trait et de développement qui sont, chez eux, de pratique journalière et constante. Enfin, il va sans dire que, pour un grand nombre de professions (sculpteurs sur bois, serruriers, forgerons d'art, etc...) le dessin d'ornement, le modelage devront trouver place dans l'enseignement.

Quant à la technologie, elle comporte toutes les notions d'ordre général ou pratique utiles ou nécessaires à la parfaite compréhension du métier, à l'exercice intelligent et raisonné de la profession; à la mise en œuvre de la matière. C'est elle qui éclaire la profession en même temps qu'elle y ajoute un élément puissant d'intérêt ; matières premières, utilisation immédiate, transformation d'outillage ; organisation du travail question de rémunération... C'est un champ très vaste, mais combien fructueux, si on sait le cultiver et en tirer parti ?

En dehors de cet enseignement d'ordre en quelque sorte général, il est possible et souvent désirable d'organiser des cours plus spécialisés ou des conférences de perfectionnement professionnel s'adressant aux ouvriers déjà qualifiés, contremaîtres, chefs d'atelier. Je ne puis ni ne veux entrer ici dans aucun détail, me bornant à observer que c'est sur place, en tenant compte des circonstances, des besoins, des possibilités, qu'on s'ingéniera à mettre à la disposition de ceux qui le désirent et sont à même d'en tirer parti les moyens de s'instruire et d'ajouter ainsi à leur valeur professionnelle.

Etant donné le caractère essentiellement pratique et technique des cours, à qui convient-il de faire appel pour y donner l'enseignement ?

Deux catégories de personnes nous paraissent, à cet égard, particulièrement qualifiées : Les membres du corps enseignant, par vocation ; les techniciens, par profession. Une condition essentielle est, des uns et des autres, requise : c'est qu'il s'établisse entre eux une collaboration aussi étroite que possible, afin que se complète chez eux la formation particulière qu'ils ont reçue et qu'ils sachent s'adapter aux circonstances comme aux nécessités de l'enseignement. Constater que, si les uns ont le sens pédagogique plus développé, les autres ont une technicité plus grande, ce n'est diminuer la valeur de personne, c'est simplement souligner la nécessité de cette collaboration qui se manifestera dans l'élaboration en commun des programmes, la constitution de collections technologiques, la documentation, la création d'un matériel didactique, bref, la recherche et la mise en œuvre de tous les moyens pour arriver au but poursuivi.

Il est une autre forme de collaboration que je voudrais voir partout s'établir et qui ne rapporte plus spécialement à la formation pratique et manuelle de l'apprenti.

Cette formation se fait à l'atelier et par les soins à peu près exclusifs du patron ou de ses contremaîtres qui ne sont pas toujours aptes à la mener rationnellement à bien. Le plus souvent, et sauf exception dans le cas d'industries importantes, possédant des ressources étendues tant au point de vue du personnel qu'au point de vue du matériel, il n'existe pas d'organisation proprement dite de l'apprentissage. L'apprenti, mêlé aux ouvriers, vivant de la vie de l'atelier, acquiert peu à peu et au hasard des travaux auxquels il participe, les notions qui lui seront utiles ou indispensables. Mais il n'est pas astreint à une discipline technique spéciale ; il ignore la méthode, il vit de procédés, il n'est soumis à aucun entraînement logiquement gradué : c'est de l'empirisme étroit et borné.

Pourrait-il en être autrement ? Oui, sans doute et sans grands frais ni difficultés.

On ne saurait songer à préconiser là où ce n'est vraiment pas réalisable, la création dans le petit atelier, voire l'atelier moyen, d'une « section d'apprentissage ». Il suffirait de se mettre simplement d'accord (et c'est là que la collaboration entre l'Ecole technique et l'atelier trouve sa place et voit se réaliser l'entente nécessaire) pour dresser une liste-type d'exercices que chaque patron s'engagerait à faire exécuter par ses apprentis, dans l'ordre, et sans modifications autres que celles que pourraient expliquer et justifier les exigences mêmes de sa production particulière. — Cette liste, d'ailleurs, existe en fait : nos programmes en contiennent tous les éléments ; tout au moins peuvent-ils fournir les indications voulues pour la dresser dans chaque cas envisagé.

L'avantage en résultant serait, à mes yeux, considérable : l'apprenti y trouverait son compte ; le patron s'apercevrait bientôt qu'il en tirerait profit ; l'industrie tout entière y gagnerait d'avoir vu s'introduire partout l'esprit d'ordre et de méthode dans la préparation professionnelle de la main-d'œuvre dont elle ne peut se passer.

D'ailleurs, et pour répondre à une objection qu'on pourrait faire, qui a déjà été faite, cela n'entraînerait aucune gêne ni bouleversement dans la marche du travail à l'atelier ni dans le rendement possible de l'apprenti lui-même : tout se bornerait, en fait, à réserver chaque jour une petite partie du temps de présence à l'exécution obligatoire des exercices choisis et dont la plupart pourraient recevoir une immédiate satisfaction.

Si j'insiste sur cette question de l'organisation des cours professionnels, c'est qu'elle est, à mes yeux, d'importance capitale ; c'est aussi que les ressources dont nous disposons et disposerons demandent à être utilisées dans les conditions les meilleures et les plus sérieusement étudiées. Je compte sur vous pour que le résultat soit obtenu,

Je ne reviendrai pas ici sur les instructions détaillées qui vous ont été antérieurement données, sur les échanges de vues auxquelles vous avez participé dans les conférences auxquelles vous avez été appelés à participer, les « semaines » auxquelles vous avez assisté. Je ne pourrais, en effet, que vous confirmer ce que vous ont dit, à ce sujet, ceux qui m'ont précédé au Sous-Secrétariat de l'Enseignement technique. Je me bornerai donc, comme eux, à rendre hommage à votre zèle et à votre esprit d'initiative et à souhaiter avec eux et avec vous-mêmes que nos efforts communs aient pour résultat le développement toujours plus complet de l'enseignement professionnel pour le plus grand bien de notre industrie nationale. A cet égard, comptez sur moi comme je compte sur vous.

*Le Sous-Secrétaire d'Etat
de l'Enseignement Technique.*
Yvon Delbos,

Circulaire de **M. HERRIOT**, *Ministre de l'Instruction Publique et des Beaux-Arts,* aux **Présidents des Associations d'Enseignement professionnel de la Seine.**

L'Enseignement général
dans les cours professionnels

(Paris, le 17 août 1926).

Monsieur le Président,

J'ai cru nécessaire de vous communiquer les conclusions suivantes du rapport de M. J. Quantin, Président des Jury des examens du Certificat d'aptitude professionnelle du département de la Seine :

« Des observations des Jurys des diverses catégories de concurrents, il ressort nettement, plus encore que les années précédentes, que les candidats ont fait preuve, en général, d'une insuffisance très nette en instruction primaire, aussi bien en français et en orthographe qu'en calcul et notions de mathématiques.

Cette insuffisance qui nous est signalée chaque année par les professeurs des cours professionnels organisés par le Syndicat des Industries Mécaniques de France, semble s'être encore aggravée cette année.

Ces professeurs, dans leur compte-rendu annuel, font ressortir que les élèves des cours de 1re année (1925-1926) ont une instruction primaire bien inférieure à celle de leurs aînés « qui était déjà suffisamment faible ».

Ces conclusions signalent un mal dont il est impossible de méconnaître l'importance et qui atteint l'enseignement professionnel non moins que tous les autres enseignements destinés à l'adolescence.

Car l'enseignement professionnel, comme tous les autres, ne construit rien de solide, s'il ne s'appuie sur une base de culture générale élémentaire parfaitement établie.

Pour bien apprendre un métier, il faut savoir lire, écrire et compter, suivant la vieille formule qui a défini longtemps le rôle de l'école primaire et qui lui assigne encore ses tâches essentielles.

Aucun apprentissage n'est purement manuel. Tous supposent, non seulement, l'intelligence pratique qui met d'ailleurs en œuvre les qualités fondamentales de l'esprit, mais des connaissances de plus en plus étendues et précises. L'Enseignement technique ne peut donc se désintéresser de la culture générale et surtout des résultats de l'école primaire, condition de tout le reste. Si ces résultats ont été médiocres, il faut qu'il les redresse, qu'il refasse la base manquée, qu'il mette ses élèves en état de recevoir une culture proprement technique, en leur donnant et les habitudes d'esprit et ce minimum d'instruction sans lequel ils sont incapables de rien comprendre et de rien retenir. C'est une nécessité pour l'apprentissage : c'en est une aussi pour la préparation à la vie sociale civilisée qui reste le but complémentaire de toute éducation. Car on ne peut oublier que l'ouvrier sera en même temps un citoyen et un homme.

Les services précieux rendus par vos Associations d'enseignement post-scolaire et professionnel me faisaient une obligation de solliciter votre concours. Je le fais avec la certitude que vous saisirez avec empressement cette nouvelle occasion de servir la cause de l'enseignement national et d'avance je vous en remercie.

S'il appartient à nos cours professionnels d'assurer l'enseignement des matières exclusivement techniques, la technologie, le dessin industriel, les travaux pratiques, il me semble conforme à une bonne répartition des tâches de demander à vos associations de se charger de l'enseignement général. Elles sont appelées à jouer ainsi (le document que j'ai rappelé plus haut le montre assez), un rôle de première importance. Les constatations faites par les Jurys des examens du Certificat d'aptitude professionnelle pourraient, en effet, être généralisées. C'est un mal étendu que celui qu'elles signalent ; faute de connaissances élémentaires solides, un grand nombre d'adolescents glissent rapidement, au sortir de l'école primaire, vers une ignorance à peu près totale contre laquelle il faut prendre une arme dans les nécessités mêmes de la vie professionnelle, dans l'apprentissage qui est le moyen le plus efficace pour ramener ces adolescents au français, au calcul, aux exercices scolaires.

La collaboration, en un mot, de l'enseignement professionnel et de l'enseignement général me paraît être non seulement le meilleur, mais l'unique moyen de résoudre ce problème de l'enseignement post-scolaire que je tiens pour un des plus importants de ce temps-ci.

L'appel que je vous adresse, vous ne pourrez y répondre efficacement que d'après un plan d'ensemble qui permettra à chacune de vos associations de remplir une tâche nettement définie et sans risquer d'inutiles doublés emplois. J'ai l'intention de vous convoquer à une réunion spéciale où vous pourrez présenter d'utiles suggestions et où le Directeur de l'Enseignement technique vous aidera à mettre sur pied une organisation générale pour le département de la Seine.

Les termes de cette convocation vous seront précisés ultérieurement.

Veuillez agréer, Monsieur le Président, l'assurance de ma considération la plus distinguée.

E. HERRIOT.

Circulaire de M. HERRIOT, *Ministre de l'Instruction Publique et des Beaux-Arts,* **aux Préfets et Inspecteurs d'Académie.**

Cours d'adultes et cours professionnels

(Paris, le 4 décembre 1926).

I. — L'enseignement post-scolaire a jusqu'ici deux formes, les cours d'adultes et les cours professionnels. Les premiers ont pour base légale l'article 8 de la loi du 30 octobre 1886 et le chapitre VII du décret du 18 janvier 1887 ; les seconds la loi du 25 juillet 1919. Les cours d'adultes ont pour but en principe l'enseignement général ; les cours professionnels l'Enseignement technique.

II. — Ces deux buts sont-ils distincts ? Nul ne le soutiendrait. Si un certain nombre d'esprits étroits entendent encore l'apprentissage dans un sens exclusivement pratique — habileté manuelle et connaissances techniques spécialisées, cette doctrine n'a en droit aucune valeur.

En droit, l'ouvrier est aussi un citoyen et un homme. Comme tel il n'est pas un moyen, mais une fin ; il doit non seulement être capable de produire, mais aussi de penser ; il a droit à la culture par laquelle on devient homme, c'est-à-dire un être libre.

Une conception plus large de la production et de ses éléments psychologiques conduirait au même résultat. Car l'élément essentiel, de la production, ce n'est pas le matériel, mais l'homme. Le matériel, c'est l'homme qui le créé, c'est lui qui l'améliore, c'est lui qui l'utilise et d'autant mieux qu'il le comprend plus profondément, qu'il le domine par la pensée. L'apprentissage ne doit donc pas subordonner l'ouvrier au matériel, mais au contraire fournir à l'ouvrier par la culture technique, les moyens de s'affranchir.

En un mot, l'Enseignement technique implique une culture. Les meilleurs des industriels le reconnaissent eux-mêmes. Au nom des jurys des examens du certificat d'aptitude professionnelle de la Seine, on signalait il y a quelques mois, les dangers du défaut de culture préalable chez les apprentis et on demandait un renforcement de l'enseignement général. On avait certainement raison. Si la partie pratique de l'enseignement ne doit, en aucun cas être négligée, si la profession reste la fin, la pratique doit être éclairée pour être efficace, la profession doit être préparée intelligemment, avec le concours d'un solide enseignement général.

Mais, inversement, il faut reconnaître que l'enseignement général tire de son association avec l'enseignement professionnel le plus grand bénéfice. Il y gagne d'abord en intérêt. Les cours d'adultes sont, en général, moins bien fréquentés que les cours professionnels. Si on met aux programmes de ceux-ci des matières d'enseignement général, elles ont, de l'aveu de tous les directeurs de cours, trop peu de succès, tandis que les matières techniques attirent et retiennent. Pourquoi ? Parce qu'elles sont directement, visiblement utiles. L'apprenti vient au cours pour apprendre son métier. Il ne voit pas l'utilité de l'enseignement général, parce qu'elle est indirecte et souvent peu visible. Il montre plus de goût pour cet enseignement, si celui-ci est adapté à la profession, s'il a la forme professionnelle.

Blâmera-t-on cette tendance ? Non, car elle va au vrai. En se chargeant de réalités professionnelles, l'enseignement général n'en acquiert que plus de force. Elles lui fournissent des problèmes précis, pratiques, qui stimulent la pensée et qui la contraignent à l'effort. Si la base est dans l'utile, rien n'empêche de monter haut et d'aller loin. Il n'y a pas de limites à la curiosité et à la connaissance.

*
* *

III. — Si l'enseignement général et l'enseignement professionnel sont liés en fait, les institutions qui leur correspondent peuvent-elles rester distinctes ? N'est-ce pas le moment au contraire d'organiser d'une façon méthodique et complète l'enseignement post-scolaire ?

Tout pousse à cette conclusion. La collaboration des cours d'adultes et des cours professionnels permettra de faire profiter les premiers du principe de l'obligation inscrite dans la loi du 25 juillet 1919, des ressources fournies par la taxe d'apprentissage qui, dans l'état actuel de la législation sont refusées à toute œuvre qui n'a pas en vue l'apprentissage, du contrôle des inspecteurs départementaux de l'Enseignement technique, enfin de l'appui précieux du comité départemental de l'Enseignement technique. Les cours d'adultes, en entrant dans le cadre de l'enseignement professionnel, y prendront certainement une vie nouvelle.

Quant aux cours professionnels, ils ne retireront pas de cette collaboration un moindre avantage. Nous avons signalé plus haut que la nécessité de leur donner comme base une culture générale précise et solide, sinon étendue, apparaît à tous les yeux. Il serait difficile d'exagérer l'importance de ce problème de l'éducation ouvrière. De sa solution dépendent et notre avenir économique et notre avenir social. Il ne saurait être négligé sans péril.

Or, la collaboration du personnel enseignant primaire, des instituteurs et des institutrices, aux œuvres d'enseignement professionnel permettra seule de résoudre ce problème. En fait, cette collaboration est réalisée dans un grand nombre d'œuvres où elle produit les plus heureux résultats. Elle doit être généralisée. Notre personnel enseignant primaire qui a joué, on l'a rappelé souvent, un rôle primordial dans le progrès intellectuel et social de notre démocratie, est seul capable de donner à l'école primaire son complément naturel, l'enseignement post-scolaire, si on lui assigne des tâches précises, si on lui fournit des moyens d'action.

Remarquons d'abord que partout où coexistent des cours d'adultes et des cours professionnels, rien n'empêche de les faire collaborer. Il suffit pour cela de considérer les premiers comme chargés de cette partie d'enseignement général que suppose nécessairement l'enseignement professionnel. Le terme « d'apprenti » du décret du 18 janvier 1887 autorise pleinement cette interprétation. Les programmes des cours seraient adaptés comme le veut l'article 89 du décret précité, aux besoins de la profession et ces cours, reconnus par le comité départemental de l'Enseignement technique entreraient expressément dans le cadre de son action.

Les municipalités auraient, dès lors, pour obtenir en faveur de leurs cours d'adultes, les subventions de l'Enseignement technique, à remplir les formalités exigées par la loi du 25 juillet 1919.

D'autre part, je tiens à appeler l'attention des préfets et des inspecteurs d'Académie qui figurent, les uns comme présidents, les autres, comme membres de droit, dans les comités départementaux de l'enseignement primaire et dans les comités départementaux de l'Enseignement technique sur la nécéssité d'assurer la coordination de l'enseignement général et de l'enseignement professionnel.

Je recommande de donner aux cours d'adultes, partout où ils existent seuls, une orientation pratique et préparatoire à la profession, sinon exclusivement professionnelle. On éviterait avec soin ce qui peut ressembler à une pure et simple répétition des exercices de l'école primaire, cause fréquente d'insuccès pour les cours d'adultes. J'appelle sur ces cours l'attention des groupements professionnels, industriels et commerciaux pour leur assurer à la fois des appuis financiers, des conseillers et des guides.

J'appelle également sur eux l'attention des groupements agricoles. L'enseignement général, les cours d'adultes ne sont pas moins nécessaires à l'enseignement agricole qu'à l'Enseignement technique. Tous ces éléments de l'enseignement post-scolaire sont restés trop longtemps séparés. Leur collaboration s'impose, si on veut réussir et passer enfin de la période des projets à celle des réalisations pratiques.

Il n'entre pas dans mon esprit de définir et de régler d'une façon précise les formes de votre action. Je fais au contraire expressément appel à votre initiative. Il s'agit, dans le cadre des lois existantes et en attendant qu'il m'ait été possible de donner son statut à l'enseignement post-scolaire, de provoquer avec le concours de toutes les bonnes volontés, l'organisation pratique et la diffusion de cet enseignement.

La tâche à laquelle je vous convie est à mon avis une des plus utiles qui puissent être proposées à votre effort. Je n'hésite pas à vous demander pour elle votre concours le plus dévoué.

Le Ministre de l'Instruction Publique
et des Beaux-Arts,
Signé : Herriot.

Rapport de **M. HERRIOT**, *Ministre de l'Instruction publique* **et** de **M. QUEUILLE**, *Ministre de l'Agriculture* **au Président de la République.**

L'Artisanat rural

Monsieur le Président,

On a souvent insisté sur l'importance de l'artisanat rural. Il a toujours été un élément essentiel de la vie agricole. La production agricole suppose non seulement des cultivateurs, mais encore des artisans, charrons, forgerons, maréchaux-ferrants, occupés à la réparation et à l'entretien du matériel de culture et de transport. La vie rurale demande également ses maçons, ses charpentiers, ses menuisiers, ses serrruriers-mécaniciens comme la vie urbaine. Outre ces artisans qui n'ont pas cessé d'être nécessaires, le développement du machinisme agricole, la transformation des moyens de transport, les progrès de l'électrification des campagnes, les modifications de la vie rurale, en exigent d'autres ayant une culture technique spéciale et capables d'assurer cette industrialisation de l'agriculture qui lui trace son avenir.

Or, le recrutement de l'artisanat rural est actuellement très mal assuré. Dans un grand nombre de régions, il est tout à fait insuffisant, au point d'y produire une véritable crise. Il y a là un danger sérieux qu'il faut conjurer à tout prix. La crise de l'artisanat rural est une des causes de l'exode rural : le malaise qu'elle engendre est en tout cas un obstacle au développement de la production agricole et au retour à la terre. Le recrutement et la formation professionnelle des artisans ruraux sont des tâches urgentes qui, dans la situation économique actuelle et en raison de la nécessité évidente de tirer de notre sol le rendement maximum, acquièrent une importance de premier ordre.

Ces tâches, à qui les confier ? Il ne saurait entrer dans les vues du Ministère de l'Agriculture qui doit recueillir le profit du développement de l'artisanat rural, qui lui a réservé une place dans ses œuvres officielles, de s'en désintéresser. Pourtant, il faut déclarer nettement que c'est à l'Enseignement technique, spécialement chargé de l'apprentissage industriel, qu'il appartient d'organiser l'apprentissage de métiers qui, s'ils sont ruraux par le lieu, sont cependant industriels par la forme et qui ne peuvent être convenablement exercés que par ceux qui les ont appris d'une façon vraiment moderne et rationnelle.

Si l'artisanat rural constitue une catégorie professionnelle nettement distincte et qui exige ses connaissances et ses aptitudes spéciales, il n'en est pas moins vrai qu'il a plus de rapports avec les métiers industriels qu'avec les professions proprement agricoles. Il est donc naturel que le recrutement et la formation des artisans ruraux soient remis à la Direction de l'Enseignement technique. Celle-ci a d'ailleurs déjà travaillé dans ce sens : elle a créé des Ecoles ou des Sections d'artisanat rural ; elle a affecté un crédit spécial à des bourses d'apprentissage ; elle a préparé des caisses-types d'outillage qui pourront être données aux artisans apprentis ; elle a organisé à Grenoble un enseignement d'artisanat rural pour les jeunes soldats ; elle a commencé à équiper et à faire circuler des camions-ateliers qui dissémineront dans les campagnes les notions théoriques et surtout les procédés pratiques les plus nécessaires aux cultivateurs et aux artisans ruraux. Ses efforts de développement suivant un plan méthodique et les succès déjà obtenus inspirent confiance pour l'avenir.

Mais il s'agit de former des artisans ruraux et non de nouveaux ouvriers pour l'industrie ; il s'agit de lutter contre l'exode rural, non de le favoriser. Les artisans ruraux doivent rester des hommes de la terre, et pour cela, ils doivent être formés en vue de l'agriculture, dans le cadre de la vie agricole. C'est par conséquent aux écoles d'agriculture, plutôt qu'aux écoles pratiques de commerce et d'industrie qu'il convient d'associer de préférence les écoles ou les sections d'artisanat rural, de façon que l'apprentissage de cet artisanat et de l'enseignement agricole se complètent réciproquement.

Il s'agit en un mot d'un problème de collaboration comme c'est le cas d'un grand nombre de problèmes d'enseignement professionnel qui relèvent par leur forme pédagogique du Ministère de l'Education Nationale, mais qui touchent, par leur matière, aux intérêts d'autres Départements Ministériels. Cette collaboration a déjà reçu la sanction des faits. Elle est de nature à rapprocher l'industrie et l'agriculture, pour le plus grand profit de notre production générale, où ces deux sources de richesses ont chacune un rôle nécessaire et doivent se développer ensemble. Elle est, nous le croyons, propre à servir les intérêts les plus profonds de notre pays.

Le Ministre de l'Agriculture :
H. QUEUILLE.

Le Ministre de l'Instruction Publique et des Beaux-Arts :
E. HERRIOT.

DÉCRET

Sur le rapport du Ministre de l'Instruction Publique et des Beaux-Arts, et du Ministre de l'Agriculture ;

Vu la loi du 2 août 1918, sur l'organisation de l'enseignement professionnel public de l'agriculture ;

Vu la loi du 25 juillet 1919 sur l'organisation de l'enseignement technique.

Décret :

Article 1er. — Le Ministre de l'Instruction publique et des Beaux-Arts est chargé de l'organisation et de l'administration des établissements et œuvres ayant pour but la formation des artisans ruraux. Ces établissements et œuvres sont rattachés à la direction de l'enseignement technique.

Le Ministre de l'Agriculture sera consulté sur la création des écoles et œuvres ci-dessus désignées.

Article 2. — Le Ministre de l'Instruction publique et des Beaux-Arts et le Ministre de l'Agriculture sont chargés, chacun en ce qui le concerne, de l'exécution du présent décret, qui sera inséré au *Journal Officiel* et publié au *Bulletin des lois.*

Fait à Paris, le 25 décembre 1926,

Gaston Doumergue.

Par le Président de la République :

Le Ministre de l'Instruction publique et des Beaux-Arts :
E. Herriot.

Le Ministre de l'Agriculture :
H. Queuille.

L'Apprentissage méthodique et complet

Les motifs d'exonération indiqués par la loi écartent toute fiction
d'apprentissage. Ils exigent que l'apprentissage soit réel, qu'il constitue
une véritable formation professionnelle, qu'il mette vraiment l'apprenti
en possession d'un métier. Nous avons dit d'un métier, non d'une partie
du métier. Ce qui distingue avant tout l'ouvrier qualifié du manœuvre
spécialisé, c'est que celui-ci est enfermé dans les limites étroites d'un
procédé de travail, d'une forme du machinisme, d'un détail de fabrication ; l'ouvrier qualifié au contraire, a une formation professionnelle
générale ; il est apte à un ensemble de travaux connexes ; il en connaît
assez la théorie et la pratique pour se spécialiser aisément et rapidement,
si l'industriel qui l'emploie est obligé à une spécialisation à outrance par
suite de la concurrence économique, du développement du machinisme,
de l'évolution de la production. On ne peut compter pour apprentis des
manœuvres et des petites mains concourant purement et simplement à
la production et recevant de ce fait un salaire légitime.

L'apprentissage manuel complet ne peut se confondre avec la pratique
machinale d'un travail toujours le même et qui se réduit à quelques gestes
élémentaires. Il doit faire un ouvrier libre qui n'est pas rivé à une
machine, à une besogne étroitement spécialisée, qui n'est pas l'esclave et
la victime possible d'une modification de l'outillage, d'un changement
de commande, mais qui, au contraire, peut se servir utilement de son cerveau et de ses bras partout où son métier l'appellera.

C'est en vue d'un apprentissage de cette nature que la Loi a déclaré
qu'au cours des 10 premiers mois, l'apprenti devait être une charge pour
l'industriel, qu'il ne pouvait concourir effectivement à la production, que

son salaire était par conséquent une dépense sans compensation ; c'est dans le même sens également qu'elle a précisé qu'il devait accaparer complètement le maître chargé de sa formation professionnelle créant ainsi à l'industriel une nouvelle source de dépenses sans recette immédiate correspondante.

Le problème est donc nettement posé par la Loi. *C'est de l'accord sur les conditions de l'apprentissage méthodique et complet que résultera l'accord sur l'application de la Loi, sur le sens des motifs d'exonération, les salaires payés aux apprentis, les salaires des techniciens, dans la mesure où les uns et les autres sont réellement, par suite de l'apprentissage, détournés de la production et constituent une charge pour l'entreprise.*

Nous n'avons pas la prétention de suivre dans leur détail, pour chaque profession, les modes de l'apprentissage. Nous n'oublions pas non plus qu'il y a une évolution des métiers, que cette évolution est actuellement rapide et s'opère souvent par sauts brusques. Il ne s'agit pas d'ailleurs de détail, de programmes, mais simplement de principes, d'un cadre général, d'une méthode. Ce serait beaucoup sans doute que ces principes soient clairement posés, bien compris, communément admis.

Conditions nécessaires à l'apprentissage méthodique et complet.

Pour qu'il y ait apprentissage méthodique et complet, un certain nombre de conditions semblent devoir être remplies.

1° *Il faut d'abord qu'il y ait des apprentis.* Mais leur recrutement ne doit pas avoir lieu au hasard. On aura d'autant plus de chances d'avoir de bons ouvriers qu'on les aura judicieusement choisis, en tenant compte de leurs aptitudes, en leur donnant le métier qui leur convient physiquement intellectuellement, socialement, *en un mot en faisant de l'orientation professionnelle. Ce peut donc être un motif d'exonération que d'avoir créé, pour une entreprise déterminée, un centre spécial d'orientation professionnelle ou d'avoir subventionné un office municipal organisé sous le contrôle de l'État.*

Il convient de plus que le nombre des apprentis ait été calculé en fonction du nombre des ouvriers de façon à n'être ni supérieur, ni inférieur aux besoins. S'il est trop faible, il provoquera un recours aux apprentis fournis par d'autres, ce qui serait injuste. S'il est excessif, il sera bien difficile, en raison du coût de l'apprentissage d'en réaliser les conditions complètes. On courra ainsi le risque de confondre avec les apprentis des petites mains ou des manœuvres spécialisés, de favoriser une concurrence ouvrière dangereuse, un avilissement des salaires.

2° *L'apprentissage doit être méthodique et complet.* — Par là il faut entendre qu'il suppose à la fois une partie manuelle, pratique, méthodiquement organisée et une partie théorique, une culture technique.

L'apprentissage manuel doit être un apprentissage, non un dressage. Il doit, nous le disions plus haut, aboutir à la formation d'ouvriers qualifiés, connaissant leur métier et capables de l'exercer librement, nettement distincts des manœuvres spécialisés, dressés à la répétition du même geste. Ce n'est pas un ouvrier qualifié que celui qui bloque un carter d'auto dans une boîte de montage fixée sur la table d'une machine à percer dont il fait descendre le foret. L'habitude de cette opération quasi machinale ne mérite pas le nom d'apprentissage.

Le véritable apprenti est celui qui passe par une série d'exercices méthodiques et convenablement gradués embrassant l'ensemble du métier. Il ne nous appartient pas de régler et de définir le détail de ces exercices. Le programme pourrait en être utilement dressé par les groupements professionnels eux-mêmes.

Il ne s'agit d'ailleurs pas de purs exercices scolaires. Le meilleur moyen d'apprendre son métier, c'est d'être associé le plus tôt possible à la production. Le vieux proverbe « c'est en forgeant qu'on devient forgeron » a conservé toute sa valeur. Dans nos écoles pratiques, nous avons introduit le principe des travaux industriels. L'atelier de fonderie de notre École des Arts et Métiers de Paris a été équipé industriellement par une Société auxiliaire. Il nous paraît donc naturel que l'apprenti soit chargé de travaux productifs, mais ces travaux doivent avoir en même temps une valeur éducative ; ils doivent constituer un programme méthodique d'apprentissage ; ils doivent, nous le répétons, assurer à l'apprenti la possession complète d'un métier.

3° Cet apprentissage manuel ne suffit d'ailleurs pas. *La pratique, pour être éclairée, suppose la théorie. L'atelier doit être complété par le cours professionnel* où l'apprenti trouvera la raison des travaux auxquels il s'est exercé d'une façon plus ou moins automatique. Aucune profession ne peut se passer de cours professionnels ; aucune ne peut être pratiquée à l'aveugle sans danger pour l'ouvrier et pour la profession elle-même. L'évolution de l'industrie et du commerce qui a lieu sous l'impulsion du progrès scientifique ne le permet point. Une main-d'œuvre ignorante est incapable de se plier aux transformations des métiers ou de s'y associer avec assez d'intelligence et d'initiative. Le cours professionnel répond à un triple but.

a) But économique d'abord. — Il permet à l'apprenti de dominer son métier, de connaître les matériaux qu'il emploie, les machines qu'il sert, de devenir capable d'en tirer le meilleur rendement, avec cette habileté professionnelle qui assure à la fois l'indépendance et l'aisance.

b) But intellectuel ensuite. — L'ouvrier instruit est seul un ouvrier qualifié. A mesure que le matériel s'accroît et se perfectionne, à mesure que les machines représentent un capital plus important de science matérialisée, il devient de plus en plus nécessaire de les confier à des mains intelligentes. La pensée ouvrière ne doit pas être en retard sur le matériel de production.

c) Enfin but social. — L'ouvrier reste et doit rester un citoyen et un homme. La culture professionnelle doit être aussi une culture civique et une culture humaine. C'est un devoir social de l'étendre jusqu'à ces limites. C'est un danger social de ne voir dans la main-d'œuvre qu'un instrument de travail et d'oublier que les ouvriers ont un esprit et un cœur.

4° Mais le cours professionnel, comme l'apprentissage manuel, suppose une sanction. — Cette sanction, c'est le certificat d'aptitude professionnelle. Les examens qui permettront de l'obtenir ont un caractère public qui en atteste la loyauté et le sérieux. Ce sont les hommes de la profession qui entrent dans les jurys. Ces épreuves à la fois théoriques et pratiques, constituent donc le témoignage le plus sûr de l'apprentissage méthodique et complet.

En un mot, et pour conclure sur ce point, *cet apprentissage ne sera vraiment organisé que si le patron s'est préoccupé, par l'orientation professionnelle, du recrutement judicieux de sa main-d'œuvre ; s'il a un nombre d'apprentis suffisant, s'il en assure la formation manuelle méthodique ; s'il crée ou subventionne des cours professionnels régulièrement fréquentés ; si l'apprentissage est sanctionné, pour le plus grand nombre de ses apprentis par le certificat d'aptitude professionnelle. Ajoutons enfin que si le contrat d'apprentissage, si le carnet d'apprentissage ne sont pas obligatoires, ils ont cependant une haute valeur et ne sauraient trop être recommandés.*

Le Ministre de l'Instruction publique
et des Beaux-Arts.
E. HERRIOT.

Lettre de M. HERRIOT, *Ministre de l'Instruction Publique,* à
M. Paul LÉON, *Directeur des Beaux-Arts* **et à M. LABBÉ,**
Directeur général de l'Enseignement Technique.

Enseignement technique
, et enseignement artistique

(Paris, janvier 1927).

J'ai le souci et la volonté d'établir, entre les différentes formes d'enseignement, une collaboration qui me paraît correspondre à leur parenté naturelle, à l'unité de l'éducation nationale, aux nécessités de la démocratie.

Cette collaboration, je veux la voir s'affermir entre l'Enseignement technique et l'enseignement artistique.

Je sais que je traduis ainsi votre commun désir et que vous avez, l'un et l'autre, profité de toutes les occasions pour nouer entre les enseignements dont vous avez la charge les liens les plus nombreux et les plus étroits.

L'Exposition internationale des Arts décoratifs de 1925 vous a permis en particulier de donner à votre parfaite entente une forme officielle. Toute l'Exposition a été dominée par l'alliance intime de l'art et de la technique. Vous l'avez affirmée non seulement par le voisinage des œuvres, mais par la coopération des écoles aux mêmes ensembles ; vous l'avez traduite en formules publiques : l'un de vous a déclaré qu'elle était « une réalité vivante ».

J'ajoute que c'est une réalité précieuse et qu'elle est indispensable aux progrès de notre art et de notre industrie. Il y a des nations qui l'emportent par la masse et le nombre. La nôtre vaut par la qualité ; son règne est dans la perfection, non dans une élégance superficielle, mais dans une beauté vraie, c'est-à-dire dans l'harmonie de la forme et du fond.

La France doit rester fidèle à ces traditions, d'abord parce qu'elles lui sont naturelles et qu'elles expriment l'essence même de son génie. Une nation ne change pas d'âme sans se corrompre. De plus, ces traditions sont bonnes. Il faut, suivant le proverbe, faire bien ce qu'on fait. C'est une marque de civilisation que de conserver, dans tout travail, un souci d'art ; c'est mettre dans l'exercice du métier je ne sais qu'elle noblesse qui le relève.

Mais la collaboration dont il s'agit ne doit pas rester dans le domaine des intentions et des principes, ni même se traduire une fois dans quelque circonstance exceptionnelle comme l'Exposition des Arts Décoratifs. Elle ne peut être efficace que si elle est constante, si elle unit d'un lien permanent les écoles et les cours qui dépendent de chacune de vos administrations.

La Direction de l'Enseignement technique a obtenu du Parlement au chapitre 50 de son budget, des crédits spéciaux pour encouragements aux cours d'arts appliqués à l'industrie.

Ces crédits lui permettent de trouver et de récompenser des collaborateurs artistes. Ils lui fournissent le moyen de subventionner des cours d'art appliqués à l'industrie.

Il vous appartient d'étudier ce problème en détail. Je crois, à première vue, possible d'étendre ces subventions.

1° aux cours de dessin industriel et de croquis coté adaptés à l'industrie.

2° aux cours d'art appliqué à l'industrie, en général, ou mieux à l'industrie régionale.

Le tissage, les tapis, la tabletterie, la maroquinerie ont besoin d'un dessin d'art et réclament la collaboration des techniciens et des artistes. Dans un grand nombre d'industries, la création des modèles serait imparfaite sans cette collaboration. Ceux qui les inventent, en effet, doivent être initiés à la connaissance des moyens d'exécution : ceux qui en préparent l'exécution, s'ils n'avaient que des connaissances techniques manqueraient souvent d'imagination et de goût. Leur union donne à l'œuvre d'art industriel ses caractères complets : la beauté de l'idée, le fini du travail.

Entre les écoles, tout un programme de coopération peut être dressé.

Les Ecoles dépendant de la Direction des Beaux-Arts possèdent les professeurs, les élèves et les moyens nécessaires pour composer des ensembles décoratifs sur des programmes précis, mais, sauf exception, ne peuvent en réaliser l'exécution par leurs propres moyens. De plus, les programmes proposés aux élèves n'ont aucune destination réelle.

Les écoles dépendant de la Direction de l'Enseignement technique possèdent les professeurs, les élèves et les moyens nécessaires pour exécuter des ensembles décoratifs sur des programmes précis. Mais sauf exception, telle que le Cours d'art appliqué aux Métiers du Conservatoire

National des Arts et Métiers ou les Ecoles professionnelles de la Ville de Paris, elles ne peuvent en étudier la composition.

D'autre part, les objets qu'elles réalisent peuvent avoir une destination réelle qui est la décoration fixe et l'ameublement des Ecoles d'Enseignement ménager et des Ecoles d'industrie hôtelière, lesquelles, toutes deux, comportent les installations complètes nécessaires à l'Enseignement donné dans ces Ecoles.

On doit donc : 1° proposer aux élèves des écoles dépendant de la Direction des Beaux-Arts des programmes de composition dont l'étude sera profitable en raison de leur précision, de leur destination réelle, de la nécessité de les mener jusqu'à l'exécution.

2° Proposer aux élèves dépendant de la Direction de l'Enseignement technique, des programmes d'exécution dont la réalisation sera profitable en raison des qualités artistiques de la composition.

3° Réaliser, dans l'installation des Ecoles d'enseignement ménager et l'industrie hôtelière, des ensembles décoratifs, pratiques, solides, tirant leur variété des caractères spéciaux à chaque région.

Ainsi des concours pourraient être ouverts dans les Ecoles des Beaux-Arts pour l'installation d'Ecoles d'Enseignement ménager ou d'industrie hôtelière.

La Direction de l'Enseignement technique établirait les programmes d'installation après avis des Inspecteurs généraux intéressés et du Professeur d'art appliqué aux métiers, au Conservatoire National des Arts et Métiers.

Les programmes seraient adressés au Directeur des Beaux-Arts qui les mettrait au concours entre celles de ses Ecoles qu'il jugerait aptes à concourir. Les concours seraient jugés par un jury mixte, comprenant des représentants de vos deux Directions. Les projets retenus pourraient être remis au Professeur d'art appliqué au Conservatoire des Arts et Métiers qui les ferait, s'il y a lieu, préciser par leurs auteurs et en préparerait la réalisation. La Direction de l'Enseignement technique assurerait l'exécution des projets adoptés en les répartissant entre ses Ecoles.

Mais je n'entends pas limiter votre initiative qui produira plus de fruits que toutes les règles. Je sais que vous chercherez ensemble tous les moyens qui favoriseront l'union de l'industrie et de l'art.

J'ai voulu vous dire surtout que pour mener à bien cette tâche d'un intérêt national, vous pouvez compter sur mon plus ferme appui.

Le Ministre de l'Instruction Publique,
et des Beaux-Arts.
E. HERRIOT.

La formation du personnel enseignant des cours professionnels d'après le Conseil supérieur de l'Enseignement technique.

___

I. — NÉCESSITÉ DE CETTE FORMATION

L'enseignement donné dans les cours professionnels (pour apprentis), les cours de perfectionnement (pour ouvriers et techniciens) et des Ecoles de Métiers comprend :

1° Des matières d'enseignement comme le français, le calcul, les sciences, etc .., qui sont d'ordre plutôt *général* et *théorique*, mais dont les programmes, cependant, sont nettement orientés vers la profession ;

2° Et des matières d'ordre *technique* ou *pratique* comme les travaux manuels, la technologie des métiers, le dessin, la comptabilité, etc...

Les enseignements de la première catégorie sont généralement confiés :

Soit aux professeurs des Ecoles techniques relevant de l'Enseignement technique.

Soit à des universitaires, instituteurs le plus souvent, habiles certes à enseigner, mais qui n'ont pas été préparés, comme leurs collègues de l'Enseignement technique, à orienter leurs leçons vers les besoins de la profession.

Quant aux programmes de la seconde catégorie, ils ont un caractère si nettement professionnel qu'on ne saurait les confier qu'à des compétences empruntées au milieu professionnel lui-même, c'est-à-dire au comptoir ou à l'atelier. Mais si ces diverses personnalités, ingénieurs, contremaîtres, etc... connaissent admirablement les ressources de leur métier (et aussi ses besoins et ses exigences), en revanche, ils sont généralement malhabiles à enseigner.

Il ressort de cet exposé qu'il est indispensable :

1° Aux instituteurs chargés d'enseigner dans les cours professionnels, de recevoir des directions d'ordre pédagogique, des instructions précises leur montrant de quelle manière ils doivent se servir de la profession et des connaissances pratiques de leurs auditeurs pour donner aux enseignements généraux l'orientation qui convient ;

2° Aux techniciens d'acquérir au moins un minimum de qualités pédagogiques ou, si l'on veut, un peu de « savoir-faire » qui leur manque.

De ces considérations très générales découle naturellement l'idée d'organiser des « centres pédagogiques » spéciaux où instituteurs et techniciens viendraient s'instruire des méthodes et procédés essentiels qui constituent l'art d'enseigner dans les écoles techniques.

Cette question de la formation du personnel chargé d'enseigner dans les cours professionnels n'est d'ailleurs pas nouvelle. Elle a fait l'objet d'une étude spéciale au deuxième Congrès de l'Apprentissage qui s'est tenu à Lyon en octobre 1921, et la deuxième section de ce Congrès a émis le vœu suivant :

« La valeur pédagogique du personnel enseignant, théorique et pratique, des cours professionnels pourrait être augmentée ou entretenue par de fréquentes visites des inspecteurs de l'Enseignement technique, par des stages, de conférences-promenades ou leçons pédagogiques, enfin, par la publication d'une revue ou d'un bulletin pédagogique des cours professionnels. »

II. — LES STAGES PÉDAGOGIQUES

La formation pédagogique du corps enseignant des cours professionnels peut être :

Ou collective.

Ou individuelle.

Mais, dans les deux cas, elle comporte des stages du personnel intéressé dans des centres pédagogiques à créer.

La formation sera collective lorsqu'à une date déterminée les stagiaires seront convoqués par la Direction de l'Enseignement technique dans un établissement de son ressort.

La formation sera individuelle lorsque le stagiaire sera confié et en quelque sorte « adjoint » pendant quelques semaines, et pour un enseignement déterminé, à un excellent professeur en exercice dans une Ecole technique.

1° FORMATION COLLECTIVE :

Quelles conditions doit remplir un centre pédagogique appelé à recevoir des stagiaires ? Il ne s'agit pas simplement de trouver un établissement où les stagiaires puissent écouter d'intéressantes conférences sur la pédagogie ou de bonnes leçons de mécanique et d'électricité, assister à des exercices bien dirigés de dessin, de manipulations, de travaux d'atelier, etc., à ce titre, les Universités, les Instituts industriels et commerciaux pourraient être choisis avec avantage. Il faut organiser des Ecoles-modèles, véritables foyers où la doctrine ne sera pas seulement enseignée par la parole, mais bien pratiquée par l'élève-maître lui-même dans le milieu qui convient, sous le contrôle d'un professeur expérimenté, habile et dont l'autorité soit indiscutable.

Les centres pédagogiques devront donc remplir les conditions que voici :

a) Posséder un personnel d'élite et un matériel suffisant, le personnel devant prêcher d'exemple et, à l'aide de ce matériel « réaliser » devant les stagiaires, puis « faire réaliser » par eux un certain nombre de leçons-modèles ;

b) Se trouver à portée des stagiaires à instruire, de façon à réduire au minimum les frais à prévoir qui ne doivent pas être un obstacle à la création projetée.

Tout d'abord, l'Ecole Normale de l'Enseignement technique semble particulièrement indiquée, puisqu'elle a déjà la charge de former et d'instruire les futurs professeurs des Ecoles techniques.

D'autres centres pourront s'organiser dans les principales écoles relevant de la Direction de l'Enseignement technique : Ecoles d'Arts et Métiers, Ecoles Nationales professionnelles, et aussi — Ecoles pratiques particulièrement bien situées.

Examinons successivement ces suggestions :

β) *Ecole Normale de l'Enseignement technique :*

Réduite à son organisation actuelle, l'Ecole Normale, qui manque encore d'Ecole d'application, ne serait peut-être pas en mesure de former rationnellement les maîtres des cours professionnels, mais elle peut s'outiller d'autant plus facilement qu'elle est l' « hôte » de l'Ecole des Arts et Métiers de Paris. En réunissant les moyens d'action des deux écoles, on fera du groupe du boulevard de l'Hôpital le centre pédagogique le plus indiqué pour toute la région parisienne.

Pour répondre au but envisagé, il conviendra que des cours professionnels soient rattachés à l'Ecole Normale qui en assurera l'organisation matérielle et la direction pédagogique et administrative en accord étroit avec les groupements professionnels intéressés.

Ces cours devront être organisés d'une manière irréprochable, afin de pouvoir servir vraiment de modèles et seront confiés à des professeurs de premier ordre qui prendront en charge les stagiaires.

b) *Ecoles professionnelles :*

Pour qu'une Ecole professionnelle puisse devenir le centre pédagogique désiré, elle doit remplir des conditions analogues aux précédentes :

1° L'Ecole doit être dirigée par un maître comprenant bien la nature et les besoins de l'Enseignement professionnel, d'une haute valeur morale et d'une autorité pédagogique indiscutée.

Il est certes possible de trouver ce chef à la fois cultivé, bienveillant et convaincu parmi le personnel de nos Ecoles.

Pour qu'il puisse s'occuper activement des stagiaires et surveiller leur formation, ce directeur devra être déchargé des besognes secondaires mais absorbantes, telles que les écritures, la correspondance avec les familles, les rapports avec les administrations, les commissions, etc... On le doublera donc d'un sous-directeur ou d'un directeur-adjoint.

2° Le personnel de l'Ecole sera choisi avec le plus grand soin, de sorte que chacun des enseignements puisse être confié à un maître d'élite et d'une autorité hautement reconnue.

Il conviendra donc, le cas échéant, d'écarter du centre de cette école les professeurs déjà en possession d'emplois qui ne rempliraient pas ces conditions et de les remplacer par des spécialistes de compétence éprouvée, empruntés à d'autres écoles.

3° Le directeur et les professeurs de l'Ecole devront s'être mis préalablement d'accord et préconiser la même doctrine pédagogique.

4° L'Ecole enfin, il est à peine besoin de l'exprimer, devra être dotée d'un outillage et d'un matériel d'enseignement complet et moderne.

2° FORMATION INDIVIDUELLE :

Nous possédons dans nos Ecoles pratiques et nos autres établissements des professeurs remarquables. On pourrait, pendant un temps variable selon la nature de l'enseignement, leur confier un stagiaire à former.

Le professeur aurait la charge entière de cette formation ; il en aurait aussi la responsabilité (au point de vue pédagogique, s'entend). Il travaillerait avec le stagiaire, raisonnant, discutant avec lui toutes les questions de programmes, d'horaire, d'emploi du temps, de préparation des leçons, etc..., le guidant et le conseillant, critiquant ses leçons, en un mot lui enseignant, en détail, par la parole et par l'exemple, la technique èt la pratique de son métier.

La coordination (et l'action émulatrice) d'efforts semblables répartis sur le territoire, pourrait être assurée par le Directeur de l'Ecole Nor male, chargé plus particulièrement de l'inspection de ces maîtres pédagogiques.

Une ou deux fois par an, une conférence-congrès serait organisée entre tous les maîtres, à l'Ecole Normale de l'Enseignement technique : des rapports, préparés par des professeurs préalablement désignés, y seraient étudiés et discutés, d'où sortiraient enfin des directives concernant l'orientation rationnelle des divers enseignements professionnels.

III. — L'ORGANISATION PRATIQUE DES STAGES

Il nous paraît opportun d'examiner ici, plus complètement, les questions d'organisation pratique des stages (collectifs) et de rechercher de quelle façon on pourrait réunir temporairement — et les instruire dans un minimum de temps raisonnable — les futurs professeurs des cours professionnels.

En France, ces questions sont restées jusqu'à présent dans le domaine de la spéculation, alors que, dans d'autres pays et particulièrement en Allemagne, elles sont entrées dans celui des réalisations. Sans vouloir calquer ce qui s'est fait à côté de nous, il nous paraît sage de nous en inspirer, quitte à l'adapter à notre tempérament national et à notre mentalité propre.

a) Création d'une Ecole Normale spéciale :

Nos voisins ont organisé, par exemple, à Charlottenburg, une Ecole Normale uniquement destinée à former des maîtres pour les cours professionnels et les écoles de perfectionnement.

Cette Ecole Normale, dont les cours durent deux semestres, reçoit à la fois des *instituteurs* et des *praticiens*, les premiers devant être éduqués surtout au point de vue professionnel ou technique et les seconds surtout au point de vue de l'aptitude à enseigner.

Les uns et les autres sont répartis par groupe de professions, savoir : groupe des industries mécaniques, du bâtiment, des arts industriels, du vêtement, de l'alimentation.

Tous suivent à la fois :

a) Des cours généraux, communs à tous les groupes (ces cours ont trait à la pédagogie, à l'éducation civique, à la tenue des livres, à la langue nationale, au calcul, etc...)

b) Et des cours particuliers, variables d'un groupe à l'autre. (Parmi ces cours, les uns ont le caractère obligatoire, les autres sont facultatifs).

Cette institution est assurément intéressante ; elle a préparé efficacement des maîtres nombreux (171 en 1921-22, dont 103 praticiens). Mais nous ne sommes pas prêts à en inaugurer de semblables ; nous n'avons pas de locaux, encore moins de crédits. La question peut être retenue pour étude, mais la solution n'en apparaît pas immédiate ni même prochaine.

b) Congrès ou « Semaines Pédagogiques » :

Il serait plus facile, à notre avis, et partant plus pratique, d'organiser des « semaines pédagogiques ».

Le moyen ? Réunir à un moment favorable de l'année, par exemple au moment des vacances de Pâques, ou bien soit au début, soit à la fin des grandes vacances, en une sorte de *Congrès* les professeurs ou maîtres auxiliaires *d'une région* qui exercent, soit dans les écoles techniques, soit dans les cours professionnels et les cours de perfectionnement.

A ce Congrès, auquel seraient conviés les jeunes « stagiaires », seraient débattues certaines questions intéressant ces cours : horaires, programmes, méthodes et procédés d'enseignement... et se rapportant à des professions déterminées ou à un groupe de professions similaires.

Le but serait de fixer certains points de doctrine et, plus particulièrement, d'initier les débutants à l'art difficile d'enseigner, en les faisant profiter de l'expérience acquise par des maîtres autorisés.

Il y aurait tout avantage, semble-t-il, à convoquer en même temps les instituteurs et les praticiens, chaque groupe ayant à gagner au contact de l'autre.

La réunion aurait lieu à Paris, à l'Ecole Normale, ou dans l'un des centres indiqués plus haut. L'objet de la réunion, bien délimité et bien précis, aurait été arrêté préalablement et tout, au centre choisi, aurait été préparé matériellement en vue du succès.

Il est assez difficile de tracer — même d'une manière approximative — un *programme-type* d'une de ces « semaines pédagogiques », car un tel programme ne peut être qu'éminemment variable, selon le but spécial poursuivi, selon le temps consacré à cette « conférence prolongée », selon le nombre, l'âge et la qualité des participants, voire même suivant le centre choisi. Il en résulte que ce qui va suivre restera nécessairement un peu « en l'air » d'autant qu'aucun essai de cette nature n'ayant encore été tenté, nous ne possédons pas même, à cet égard, un commencement d'expérience. Que ceci soit donc considéré seulement comme une *indication* et comme une *base de discussion*.

Imaginons — pour être plus concret — que la semaine en préparation soit consacrée particulièrement à l'enseignement du dessin professionnel. Comment envisager l'organisation d'ensemble des travaux ?

On aura pu mettre à l'étude, par avance, quelques points précis, et, par exemple, les divers aspects de la question ou si l'on préfère les *subdivisions du sujet principal*. Chacune de ces subdivisions sera l'objet d'une conférence documentée, avec explications précises et claires ; ces conférences-causeries seront confiées à quelques inspecteurs et professeurs particulièrement autorisés qui traduiront en directions générales, en préceptes et en conseils pratiques le fruit de leur expérience et de leurs réflexions.

On aura, par exemple, des conférences sur le *dessin géométrique* et l'étude des *projections* ; sur le *croquis coté*, son importance, sa valeur documentaire, la façon de coter ; sur l'importance des exercices de *lecture des dessins*, ou des exercices de *traçage des pièces* à usiner, bref sur la méthodologie » (et les divers aspects) des arts graphiques.

A ces conférences d'ordre général, pour ainsi dire, s'en ajouteront d'autres d'ordre plus particulier et qui varieront suivant le caractère industriel de la région et les groupes de professions représentées. C'est ainsi qu'on pourra traiter plus spécialement du dessin pour la profession d'ajusteur mécanicien ou d'électricien, de plombier, charpentier, ébéniste, tailleur de pierre, etc.

D'autres conférences ou leçons pourront viser plutôt la manière d'enseigner que la matière même de l'enseignement et tiendront à prémunir les débutants contre les écueils de l'inexpérience, et par exemple contre le danger de dépasser le niveau de son auditoire, d'abuser des mots savants, des théories abstraites. Dans notre pensée, ces conférences variées ne devront pas être des prétextes à discours et à développements plus ou moins académiques ; le ton en sera simple, sans prétention et d'allure aussi concrète que possible (j'allais dire expérimentale). Un inspecteur, par exemple, trouvera dans ses souvenirs d'inspection des anecdotes et des documents en nombre pour montrer sur le vif une bonne et une mauvaise classe en « action ».

N'hésitons pas à dire que toutes directions ou conseils pédagogiques risqueraient de rester inopérants et vains, s'ils n'étaient en quelque sorte « dramatisés ». On fera donc assister les congressistes à des leçons-modèles soigneusement choisies et préparées et faites à de vrais élèves, dans les conditions habituelles des cours. Les stagiaires y assisteront et se rendront compte ainsi, par l'exemple, des meilleures méthodes ou procédés utilisés par des maîtres justement réputés.

Il serait très utile enfin — dans la mesure où la chose paraîtra possible — de charger certains stagiaires au moins de préparer quelques leçons, qui seraient faites aux mêmes élèves, et qui seraient ensuite analysées et critiquées en vue d'en faire ressortir les qualités et les défauts. La discussion serrée, quoique bienveillante et courtoise, donnerait tout leur sens aux directions et conseils préalablement donnés et contribuerait efficacement à leur exacte interprétation.

Nous croyons inutile de préciser davantage dans le détail l'organisation de ces congrès ou « semaines pédagogiques » ; l'idée nous en semble suffisamment indiquée. Mais quelle en sera la durée exacte ? C'est difficile à dire : cela dépendra évidemment de l'objectif qu'on se sera proposé. Si cet objectif n'est pas trop ambitieux quatre ou cinq jours suffiront sans doute, une semaine tout au plus et, dans ces conditions, il ne semble pas qu'on doive rencontrer de sérieux obstacles budgétaires. On peut donc songer, sans optimisme excessif, à quelque *tentative de réalisation prochaine*. Si elle aboutit, si, après expérience, l'œuvre apparaît bonne, utile, profitable, c'est qu'elle est viable : elle se développera et se perfectionnera d'elle-même. Et les premiers succès obtenus permettront peut-être d'envisager des solutions plus hardies et plus complètes, plus coûteuses aussi.

L'essentiel est de commencer, même très modestement.

E. LABBÉ.

Leçon type de technologie sur les outils de perçage faite à des élèves de cours professionnels par M. LABBÉ, *Directeur Général de l'Enseignement Technique* au cours de la Semaine Pédagogique du Travail Manuel (octobre 1925) (1).

Messieurs,

Vous désirez peut-être connaître les raisons qui m'ont engagé à figurer parmi les conférenciers de cette semaine pédagogique du Travail manuel. Ces raisons — car il y en a, en effet, plusieurs, — les voici :

Loin de moi la pensée de me poser comme un chef d'armée qui désire entraîner ses troupes par son exemple ; je sais que vous n'en avez nul besoin ; je connais, en effet, votre zèle et votre dévouement à la cause nationale de l'Enseignement technique.

Mais j'éprouve une satisfaction profonde à redevenir professeur, ne fût-ce que quelques instants : c'est la joie que ressent un homme lorsqu'il peut communiquer aux autres ce qu'il sait, même quand il ne sait pas grand'chose, ce qui, dans l'espèce, est mon cas.

C'est aussi un devoir que j'accomplis et on est toujours très heureux de faire son devoir. Je me rappelle, en effet, un conseil que je donnais à mes élèves lorsque j'étais directeur de l'Ecole nationale professionnelle d'Armentières ; ce conseil figurait, avec d'autres, dans leur carnet d'atelier. Je leur disais :

« Elèves, vous devez travailler afin de rendre aux autres, plus tard, par votre travail, un peu de ce qu'ont fait pour vous les générations du passé et celles d'aujourd'hui.

« Nul ne peut se vanter de se passer des hommes », dit le poète.

« Quand on a reçu, on doit rendre. Ce n'est pas une affaire de sentiment, encore moins de générosité, c'est une affaire de probité : voilà pour votre dette envers la société. »

N'est-ce pas ce que vous faites tous les jours en enseignant dans vos classes ou vos ateliers ?

J'ai voulu également, comme Directeur de l'Enseignement technique, vous montrer l'importance des cours professionnels et le caractère de leur pédagogie.

Les cours professionnels, dans leur ensemble, doivent s'adresser à des adolescents de toutes conditions, de tout âge, de tous les degrés d'intelli-

---

(1) Extrait du volume : *L'Apprentissage*, par M. Druot (Léon Eyrolles, éditeur).

gence et d'instruction et qui représentent toutes les formes d'activités commerciale, industrielle et artistique.

Leur organisation doit être d'une souplesse extrême, donner tous les enseignements demandés par la clientèle, s'adapter à tous les besoins et à toutes les circonstances.

Pour mener à bien cette œuvre, il faut remarquer que l'enseignement des cours techniques ne doit pas être séparé de l'enseignement manuel, mais, au contraire, y être associé et faire corps avec lui.

Notre but est de former de bons ouvriers ; ne le **perdons pas** de vue un seul instant.

Notre temps est limité, par conséquent précieux ; n'éparpillons pas nos efforts et nos forces, mais cherchons à obtenir le maximum de rendement. Pour cela, il semble, au point de vue pédagogique, qu'on doive rechercher un enseignement principal, autour duquel tout doit rayonner, à qui tout doit se rattacher. C'est pourquoi nous demandons que *la profession soit le pivot et le centre de tout l'enseignement*, aussi bien de l'enseignement moral et civique que de l'Enseignement technique proprement dit.

Tout par la profession et pour la profession, tel doit être notre principe essentiel.

Si nous savons nous y conformer, nos auditeurs se sentiront toujours dans leur milieu et comprendront que tout ce que nous leur enseignons est en rapport direct et étroit avec leurs besoins réels ; que tous nos efforts tendent vraiment à augmenter leur capacité et leur valeur professionnelle.

J'ai la prétention de vous montrer qu'on peut donner tous les enseignements prévus dans les cours professionnels, même la morale civique, en s'appuyant sur la profession.

Je dois maintenant situer ma leçon. Elle s'adresse à des élèves de cours professionnels. Le sujet en sera très simple ; nous sommes toujours tentés d'être trop savants et de faire étalage de toute notre science. C'est là un écueil que je veux éviter.

Je m'adresserai tantôt aux élèves que j'ai devant moi ; ce sera l'objet de ma leçon proprement dite ; tantôt à vous-mêmes, pour vous entretenir de questions pédagogiques.

Les outils de perçage des métaux.

Le *perçage* ou *forage* est l'exécution de trous cylindriques à l'aide d'outils appelés *mèches* ou *forets*.

Je viens de dire : le *perçage* ou *forage*. Y aurait-il donc deux mots pour désigner la même opération ? Sachez que *la langue française est une langue très précise* qui vous oblige à employer le mot propre lorsque vous écrivez ou lorsque vous parlez. Si l'on vous demande ce qu'a fait le grand français de Lesseps, vous répondrez qu'il a *percé l'Isthme de Suez* (et non foré) ; tandis qu'en parlant d'une clef, vous direz qu'on en a *foré le canon* (et non percé) ; percer, forer, trouer sont ce qu'on appelle des *synonymes*, c'est-à-dire des mots qui ont à peu près la même signification. Mais vous voyez par là qu'il n'y a pas de vrais synonymes. Ne négligez pas votre langage de tous les jours ; soyez précis dans vos paroles comme vous l'êtes lorsque vous travaillez « à la cote ».

Le perçage s'effectue : soit à la main, soit avec une machine à percer ; et, dans ce cas, l'outil est animé d'un *double mouvement de rotation et de translation*, la pièce à percer restant fixe.

Rotation, translation, voilà deux mots que votre professeur de géométrie vous a expliqués.

Quel est le jouet qui est parfois animé d'un mouvement de rotation ? La toupie, n'est-ce pas ? lorsque la pointe est immobile sur le sol.

Lorsque vous vous déplacez dans la rue pour vous rendre à l'atelier, vous êtes animés d'un mouvement de translation.

La Terre, qui tourne sur elle-même en même temps qu'elle se déplace autour du Soleil, est animée d'un double mouvement de translation et de rotation.

Le perçage s'effectue aussi ; soit sur le tour, soit sur la machine à aléser, et dans ce second cas, l'outil n'est animé que d'un mouvement de translation, mais la pièce à usiner tourne.

OUTILS DE PERÇAGE.

Les outils de perçage peuvent être classés en deux grandes catégories :

1° Les outils d'usage courant.
{
Foret à langue d'aspic ;
Foret à téton ;
Foret hélicoïdal.

2° Les outils spéciaux.
{
Foret à tube d'huile ;
Foret à gradins ;
Foret à cannelures droites ;
Foret aléseur ;
Foret à centrer ;
Foret à chambrer ;
Foret à canon.

Voici un échantillon de chacun de ces forets ; comme vous pourriez très difficilement les dessiner, je remets à chacun de vous leur représentation graphique empruntée à un catalogue. Vous placerez ces figures en regard du résumé que je vais vous dicter.

Manivelle

Corps Maneton Clavette.

Elévation Plan Coupe ab Profil

Grandeur d'exécution Echelle 1/5

Brut Tourné Blanchi Travaillé partout

Pour 1 Manivelle il faut :

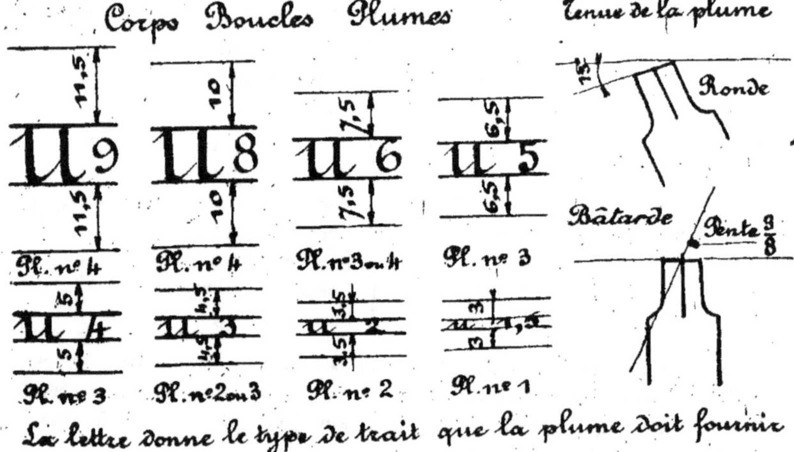

La lettre donne le type de trait que la plume doit fournir

Modèle d'écriture.

Comme titre à ce résumé, mettez au crayon le titre suivant. En étudiant votre leçon, vous reproduirez ce titre à l'encre suivant les indications de votre professeur de dessin qui désire que le texte de vos rendus soit écrit suivant la grandeur et la forme exigées par les bureaux d'études industrielles. Le titre sera écrit suivant le modèle qui figure au tableau et sur la note manuscrite que je viens de vous remettre.

Le résumé, que je vais vous dicter par fragments, doit être pour vous une leçon *d'écriture*, *d'orthographe*, de *dessin* et de *goût*. Faites attention à disposer votre dictée sous forme de tableau agréable à l'œil et soulignez les mots nouveaux.

Outils de perçage

I. — Les outils de perçage peuvent être classés en deux grandes catégories :

1° Les *outils courants*
- Foret à *langue d'aspic*
- Foret à *téton*
- Foret *hélicoïdal*

2° Les *outils spéciaux*
- Foret à *tube d'huile*
- Foret à *gradins*
- Foret à *cannelures droite*
- Foret *aléseur*
- Foret à *centrer*
- Foret à *chambrer*
- Foret à *canon*

Connaissez-vous un mot qui se prononce à peu près comme le mot foret, mais dont l'orthographe diffère et qui ne possède pas la même signification ? — Forêt, me dit-on ; très bien. Que représente l'accent circonflexe ? Il remplace la lettre s, que nous retrouvons dans le mot forestier.

Pourriez-vous m'indiquer des mots appartenant à la famille du verbe forer ?

— Foret, outil servant à forer

Forage, action de forer ;

Forerie, atelier où l'on fore les canons ;

Perforer, traverser en faisant un trou (forer au delà) ;

Perforatrice, machine qui sert à perforer ;

Perforation, action de perforer, état de ce qui est perforé (perforation intestinale).

Je continue la leçon et vous présente un foret à langue d'aspic (fig. 1).

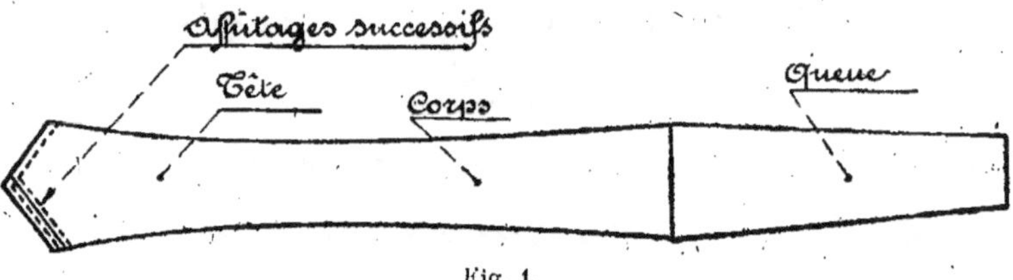

Fig. 1.

La partie tranchante de cet outil rappelle par sa forme la langue de *l'aspic*, petit reptile très venimeux.

Voici un exemple de la formation de la langue française. Vous croyez trop facilement que notre langue a été formée par nos savants professeurs de la Sorbonne, des Universités ou des Lycées, alors que ce sont vos ancêtres qui ont créé, enrichi notre vocabulaire. Notre langue, voyez-vous, est un riche patrimoine, qui vous a été légué par vos parents et arrière-parents ; il est votre propriété ; vous ne devez pas le gaspiller, mais l'entretenir avec soin.

N'avez-vous pas déjà entendu parler de ce petit serpent, l'aspic ? N'est-ce pas lui qui aurait déterminé la mort volontaire de Cléopâtre, reine célèbre de l'Égypte, et qui vivait au temps de César ?

Ces forets sont généralement fabriqués avec de *l'acier* fondu ordinaire à *section carrée* ou *ronde*.

Quelle différence y a-t-il entre l'acier et le fer ?

Le fer est un métal pur, tandis que l'acier résulte de la combinaison du fer avec le charbon ; la structure du fer est fibreuse ; celle de l'acier est grenue. Ils diffèrent aussi par leur mode de préparation : le fer est obtenu à l'état *pâteux* (par puddlage), l'acier à l'état *liquide* (par fusion).

Le foret à langue d'aspic comprend trois parties : la *tête*, le *corps*, la *queue* ou emmanchure.

Ces trois parties doivent avoir un *axe* commun, sans la moindre *excentricité* sous peine de forer un trou d'un diamètre plus grand que celui de l'outil.

L'axe est une ligne fictive qui réunit les centres des sections de la barre qui a servi à la confection du foret. Toute ligne qui traverse un corps géométrique en passant par l'axe et qui est limité à l'entrée et à la sortie se trouve divisée en deux parties égales par l'axe.

Les trois parties du foret ont chacune un axe ; ces trois axes doivent être dans le prolongement l'un de l'autre, ce qui est très difficile, pour ne pas dire impossible, à obtenir en forgeant l'outil. Si cette condition n'est pas réalisée, le foret ne tourne pas rond, les axes sont excentrés les uns par rapport aux autres. L'excentricité est le contraire de la concentricité·

Ecrivez le résumé en utilisant le modèle d'écriture pour représenter le titre :

II. Foret à langue d'aspic.

Le foret à langue d'aspic comprend trois parties :

la tête

le corps

la queue ou emmanchure

qui doivent avoir un axe commun, sans la moindre excentricité sous peine de forer un trou d'un diamètre plus grand que celui de l'outil.

1° *Tête.*

La tête du foret comprend : en avant, la *partie tranchante* et en arrière, la partie qui sert de *guide.*

L'ouvrier a jugé à propos de désigner cette partie de l'outil par mot « tête », parce que son bon sens lui a fait comprendre que c'était la partie la plus importante, par analogie avec sa propre tête qui contient le cerveau, siège de la pensée.

Le *tranchant* est formé par deux *arêtes* coupantes appelées *lèvres*, *symétriques* par rapport à l'axe du foret, c'est-à-dire que cet axe est la *bissectrice* de l'angle de 90 à 120° formé par les deux arêtes (fig. 2).

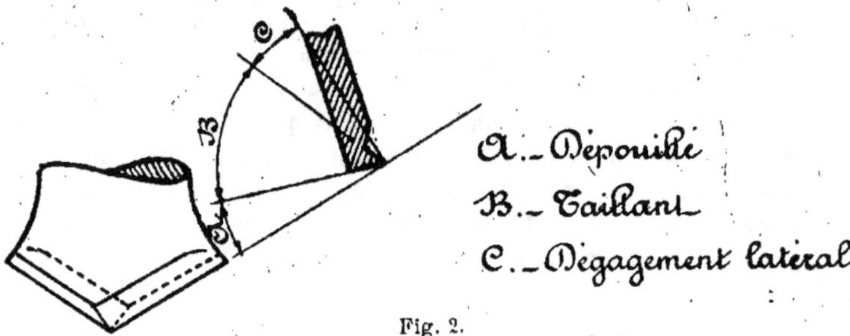

Fig. 2.

Des lèvres ? Pourquoi cette désignation ? Parce que l'ouvrier a reconnu que cette partie de l'outil baisait le métal ; mais le baiser et un peu rude, puisqu'il coupe.

Quel est le contraire de la symétrie ? — L'asymétrie.

Quelle est la propriété caractéristique de la bissectrice ? — Tous ses points sont à égale distance des deux côtés de l'angle.

Le degré est la 360e partie d'une circonférence.

L'*angle de taillant* formé par le champ de la lèvre et le *plat* de la tête est généralement de 80°.

Le champ de la tête en désigne la partie étroite. Il ne faut pas confondre ce mot, qui signifie côté, avec le même mot qui s'écrit et se prononce de la même façon, mais a une autre signification, et que vous trouverez dans les expressions : champ de blé, d'honneur, de bataille, d'une lunette, de courses, de tir, d'une médaille, de Mars, de repos ; sonner aux champs, courir les champs, prendre la clé des champs, sur-le-champ, à tout bout de champ.

Au contraire, le mot « champ » qui nous préoccupe ne se retrouve que dans l'expression : de champ.

Constatez la richesse de notre langue et l'effort qu'il faut que vous fassiez pour en connaître toutes les finesses.

On peut diminuer la valeur de l'angle de taillant et augmenter le *rendement* de l'outil en dégageant, avant la trempe, à l'aide d'une *queue de rat*, la face plate des arêtes tranchantes. On amène ainsi l'angle du taillant de 65 à 70°.

La *gorge* ou *engoujure* forme l'angle de *dégagement* latéral ; l'inclinaison du champ forme l'angle de *dépouille* ou de *détalonnage*.

Les lèvres sont *trempées* et *affûtées* pour permettre de couper le métal à percer.

Quel est le mot que vous ne devez pas employer à l'atelier à la place du verbe affûter ? — Aiguiser, affûter, affiler sont des synonymes ; on affûte un outil, on aiguise un couteau. Soyons précis dans notre langage.

Pour diminuer les déviations de l'outil pendant le travail, les champs de la partie arrière du tranchant sont *parallèles* sur une *hauteur au moins égale au diamètre du foret*. Cette partie assure le guidage convenable du foret lorsque les lèvres ont la même longueur et lorsque l'axe de la tête est rigoureusement dans l'axe du corps.

Voulez-vous me dire ce qu'on entend par lignes parallèles ? — On appelle lignes parallèles des lignes situées dans un même plan et qui, prolongées indéfiniment, ne se rencontreront jamais.

Une ligne qui tourne parallèlement autour d'un axe, comme c'est ici le cas, engendre une surface cylindrique dans le métal que perce le foret.

S'il n'y avait pas de guide, comme dans l'outil que je vous présente, le premier affûtage que subirait le foret lui ferait perdre son diamètre de perçage, ainsi que vous pouvez le remarquer sur la figure 1.

L'intersection des tranchants forme à la pointe du foret une arête qui oppose à son avance une résistance qui augmente avec sa longueur. On remédie à cet inconvénient et l'on facilite le centrage et la coupe du foret en amincissant les lèvres au sommet, de façon à former à cet endroit une petite *pyramide*.

La pyramide est un solide géométrique qui a pour base un polygone quelconque ; les faces latérales sont des triangles ayant un sommet commun et pour bases les côtés du polygone.

Prenez le résumé en soulignant les mots que je vais vous indiquer,

1° Description de la tête du foret.

La tête méplate comporte la partie tranchante et le guide.

Le tranchant est constitué par deux lèvres symétriques formant un angle de 90° à 120 degrés.

L'angle de taillant déterminé par le plat de la tête et le champ du tranchant est de 80°. En donnant du dégagement latéral on peut diminuer la valeur de cet angle et faciliter la coupe de l'outil ; en donnant de la dépouille, on empêche le talonnage de l'outil.

Les champs de la partie arrière du tranchant sont parallèles et constituent le guide de l'outil.

2° Description du corps.

La section du corps doit être plus petite que celle du trou à percer, afin de permettre le *dégagement* des copeaux et le passage du *lubrifiant*. Toutefois, cette section, qui est généralement un *carré* avec les *angles abattus*, ne devra pas être trop faible en rapport au diamètre du foret, afin de ne pas augmenter la *fragilité* de ce dernier ainsi que les risques de *déviation* pendant le travail. Pour les mêmes raisons, la longueur du corps ne doit pas être trop grande.

Quel est le rôle du lubrifiant ? — Il permet à l'outil de glisser, de couper sans arracher ; il l'empêche aussi de s'échauffer et de se détremper. On emploie comme lubrifiants l'eau ordinaire, l'eau savonneuse, l'huile, etc.

Avec quoi est fabriquée l'huile employée ? — Soit avec des graines végétales : coton, sésame, lin, ricin..., soit avec la graisse des animaux.

2° Description du corps.

Le corps a une section plus petite que celle du trou à percer pour assurer le dégagement des copeaux et le passage du lubrifiant.

3° *Description de la queue.*

Sa forme varie avec celle du *porte-forets* ou du *nez* de la machine à percer. Elle est *pyramidale* (à section carrée) *cylindrique* ou *tronconique* (à section circulaire).

a) *Queue carrée* (fig. 3). — La queue pyramidale, dite *à emmanchement carré* assure un bon *entraînement* du foret, mais elle offre des inconvénients lorsque son ajustage n'est pas parfait.

Si la queue est *brute de forge*, ce qui se présente le plus *couramment*, son *adhérence* dans le logement de la broche est mauvaise et l'outil reste le plus souvent dans le trou percé lorsqu'on remonte l'arbre porte-foret.

Il est de plus très difficile de faire coïncider l'axe du foret et celui de la broche, ce qui fait que l'outil ne *tourne pas rond*.

La queue n'étant pas ajustée exactement dans son logement, l'outil *broutera* plus facilement.

Vous comprenez aisément l'emploi de ces verbes : brouter, talonner, pour expliquer que l'outil travaille par saccades. Est-ce que la vache qui tond l'herbe d'un pré ne broute pas de la même façon, par saccades ?

Pour démonter un foret à emmanchement carré, on est souvent obligé d'utiliser un marteau. Ce procédé de démontage est défectueux, mais il est parfois impossible de procéder autrement ;

3º Description de la queue :

a) queue ou emmanchement carré.

Avantage : Bon entraînement

Inconvénients : Le foret tourne difficilement rond.

Il n'existe pas de procédé recommandable pour chasser le foret après perçage.

b) *Queue cylindrique.* — L'entraînement des forets à queue cylindrique est généralement assuré par un *mandrin à serrage concentrique* qui supprime les inconvénients indiqués précédemment (fig. 4).

Fig. 4.

On a aussi recours à l'entraînement par vis de pression. Cette vis, tout en *bloquant* le foret dans son logement, le *rejette* sur le côté opposé à la vis d'une longueur égale au *jeu* indispensable au montage et démontage de l'outil.

Le foret est alors *décentré.* Ce mode d'entraînement est peu employé et devrait être complètement abandonné.

Le jeu n'est pas ici un divertissement ; c'est un terme qu'emploient les ouvriers pour désigner l'espace où peut se mouvoir (jouer) une pièce mobile, afin d'en assurer le bon fonctionnement : le jeu d'une clavette, par exemple.

b) queue cylindrique.

Avantage : Le foret est plus facile à construire que le précédent.

Inconvénients. L'entraînement par une vis de pression est défectueux. on emploie dans ce cas le mandrin de serrage.

c) *Queue tronconique* (fig. 5). — L'emmanchement dans les porte-forets des forets à queue tronconique, appelés couramment à queue

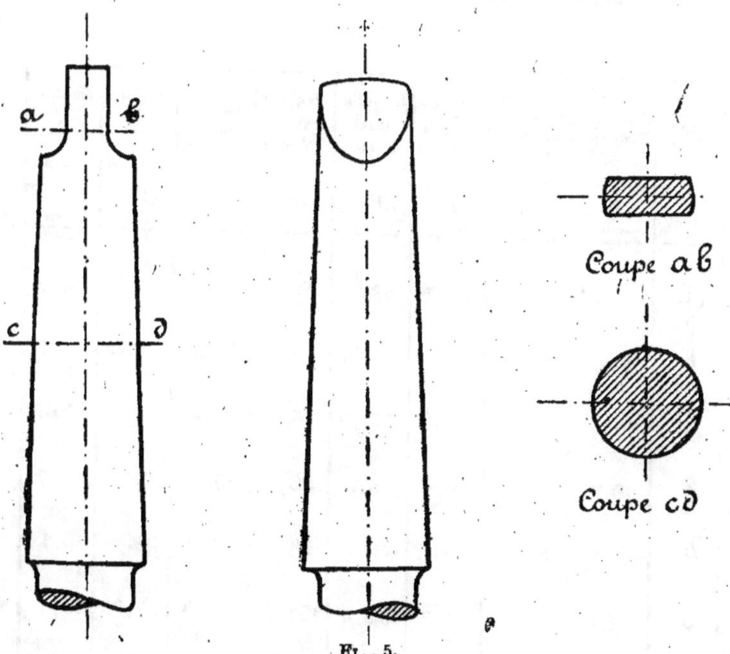

Fɪɢ. 5.

conique, assure une adhérence parfaite de l'outil dans son logement. Pendant le travail, l'adhérence augmente suivant la résistance qu'offre le métal à l'outil.

Un cône est un solide géométrique engendré par un triangle rectangle, une équerre à dessiner, qui tournerait autour d'un des côtés de l'angle droit. Si l'on sectionne le cône parallèlement à la base et qu'on enlève la pointe, il reste un tronc de cône.

Avec un foret bien construit, le centrage est automatique. On arrive facilement à ce résultat en utilisant un tour pour la fabrication ou la réparation après nouveau forgeage des forets. On tourne alors le guide et on ébauche la tête qui se trouve ainsi parfaitement centrée.

Pour faciliter le démontage, on termine la queue par un *tenon* qui vient

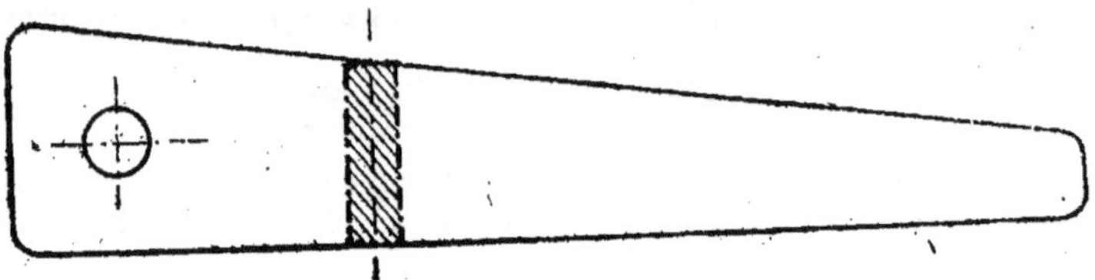

Fig. 6.

N°	Diamètre du cône à l'extrémité la plus faible. D m.m	Diamètre du cône à l'extrémité de la douille A m.m	Longueur normale du cône P m.m	Longueur totale avec tenon B m.m	Longueur de l'alésage conique B m.m	Longueur de la douille jusqu'à la lumière H m.m	Longueur de la lumière L m.m	Largeur de la lumière W m.m	Hauteur du tenon T m.m
0	6,40	9,04	50,7	59,5	51,5	49.2	14,2	4,06	6,35
1	9,37	12,06	53,9	65,08	55,5	52,3	19,05	5,41	7,93
2	14,5	17,7	65,08	77,7	66,6	63,4	22,2	6,60	9,52
3	19,7	23,8	80,9	95,2	82,5	77,7	26,9	8,17	11,1
4	25,9	31,2	103,1	120,6	104,7	98,4	31,7	12,1	12,7
5	37,4	44,3	131,7	152,4	133,3	125,4	38,09	16,1	15,8
6	53,7	63,3	184,1	211,1	187,3	177,8	44,4	19,3	22,2
7	63,8	88,05	254,0	295,2	257,1	241,3	66,6	28,3	34,9

se loger dans une *mortaise* pratiquée dans le *nez* de la machine ou dans le porte-foret à l'extrémité du logement de l'outil. Grâce à ce dispositif, le choc direct du marteau sur l'outil pour son démontage est complètement supprimé.

Il suffit d'*introduire* dans la *mortaise* un *chasse-foret* tronconique (fig. 6). qui s'appuie, d'une part, contre le champ supérieur de la mortaise et, d'autre part, sur le tenon. En faisant pression sur l'autre extrémité du chasse-foret, qui est ainsi utilisé comme *levier*, on *décolle* aisément l'outil.

Pour permettre l'utilisation des forets à queue conique sur toutes machines, les constructeurs ont adopté comme *conicité* du logement dans les porte-forets celle du *cône Morse*.

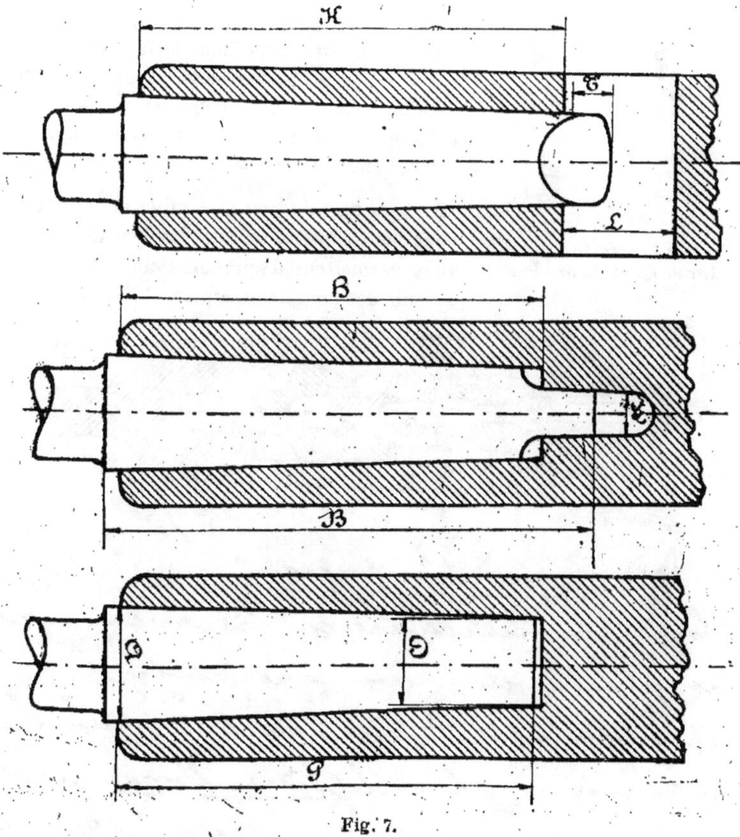

Fig. 7.

Le cône Morse comporte 8 grandeurs numérotées de 0 à 7 (fig. 7). Pour pouvoir utiliser des forets de diamètres très différents sur une même machine, on a recours à des *douilles de réduction* qui sont tournées intérieurement et extérieurement à des dimensions correspondantes à l'un des cônes Morse.

La douille avec un cône extérieur n° 6 a pour cône intérieur le n° 5. Celle au cône extérieur n° 5 a pour cône intérieur le n° 4, et ainsi de suite. De cette façon, toutes les douilles peuvent s'emboîter les unes dans les autres. Elles se terminent par un *tenon* et elles sont pouvues d'une mortaise de démontage.

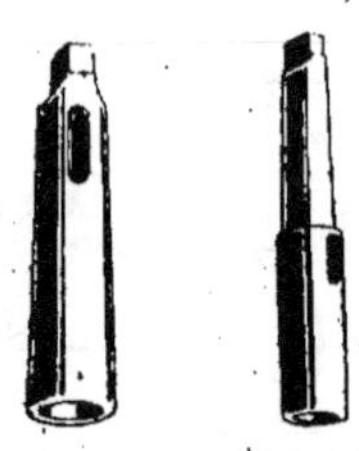

Fig. 8.   Fig. 9.
Aux Forges de Vulcain
3, rue Saint-Denis, Paris.

Les douilles de réduction (fig. 8-9-10) doivent être employées avec précaution, la moindre *bavure* empêchant le foret de « tourner rond ». Le même inconvénient se produit lorsque la douille et la queue du foret ne sont pas propres. On doit donc les essuyer soigneusement avant le montage.

Ayez un soin tout particulier des outils qui vous sont confiés. Ce sont les instruments qui vous permettent d'apprendre un métier et de devenir des hommes complets et libres.

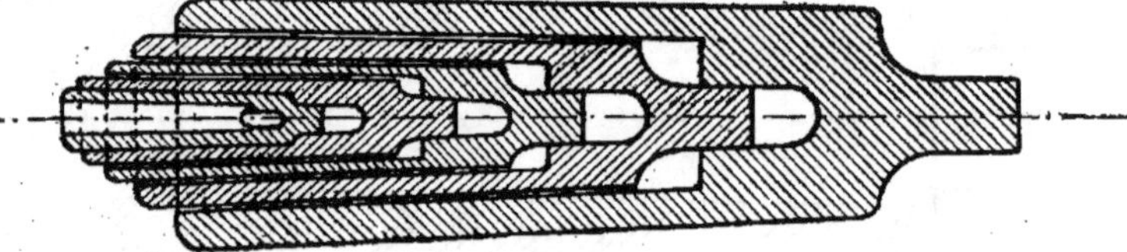

Fig. 10.

c) *queue conique*

Cette emmanchure a les avantages des précédents, sans en avoir les inconvénients. Dans un but d'uniformité, on emploie le cône Morse et des douilles coniques pour les pas spéciaux.

4° Affûtage des forets.

L'affûtage se fait à la meule, en prenant les précautions suivantes :

1° Maintenir l'axe de la tête dans l'axe du corps ;

2° S'assurer que les deux lèvres ont bien la même *longueur* et la même *inclinaison*. Si ces deux conditions ne sont pas observées, l'outil déviera pendant le travail.

Des lèvres n'ayant ni la même longueur, ni la même inclinaison travaillent inégalement ; les risques de rupture sont augmentés et le trou obtenu a un diamètre plus grand que celui du foret. Nous avons vu précédemment que, pour augmenter le rendement de l'outil, il fallait donner à l'angle de coupe une valeur convenable en dégageant la partie avant des arêtes tranchantes. Cette opération, désignée par l'expression « donner du dégagement », ne peut se faire que très difficilement sur une meule ordinaire. Le travail est facilité par l'emploi d'une meule-émeri de faible épaisseur et ayant pour profil une demi-circonférence. Pour le travail du bronze et de la fonte, on ne *dégage* pas l'arête tranchante.

Remarque. — Les forets à langue d'aspic, bien construits et bien affûtés, présentent, malgré les soins apportés à leur construction et leur affûtage, les inconvénients suivants :

4° Affûtage des forets à langue d'aspic.
Les lèvres doivent avoir la <u>même longueur et la même inclinaison</u>.

5° Conclusions
Les forets à langue d'aspic ne donnent pas un travail fini et leur production est faible.

1° Le trou percé présente rarement l'aspect d'un *travail fini* ;

2° Les lèvres se brisent facilement, défaut difficile à supprimer par suite de l'impossibilité de donner une épaisseur suffisante à la tête ;

3° La *production* est faible, surtout lorsqu'il s'agit de trous profonds, car les copeaux restant dans le trou empêchent le *lubrifiant* d'arriver aux lèvres et obligent l'ouvrier à remonter souvent l'outil pendant le travail afin d'éviter les coincements qui sont suivis de la rupture du corps, principalement quand on emploie de petits forets.

Bref, le foret à langue d'aspic est un très mauvais outil, que vous ne devriez pas employer. Alors, pourquoi vous en parler ? Pour le condamner d'abord, et pour mieux faire comprendre l'importance du foret hélicoïdal, qui offre tous les avantages du premier sans en avoir les inconvénients.

FORET A TÉTON.

Pour le perçage de trous d'un grand diamètre, de trous *borgnes* devant avoir un fond plat et pour le perçage des tôles, on utilise le foret à téton, qui ne diffère du précédent que par la forme de la tête. On l'appelle encore foret à *mouche*, à *pointe de diamant*, à *guide*, à *pilote*.

Remarquez le bon sens des ouvriers lorsqu'ils ont employé les mots : borgne pour désigner un trou ayant un fond qui intercepte la lumière ; mouche, pointe de diamant, pour désigner une petite aspérité en relief ; pilote, guide, pour représenter un guide.

La partie tranchante est formée par deux lèvres *perpendiculaires à* l'axe du foret. A l'intersection des deux lèvres se trouve le téton, qui rappelle par sa forme une tête de foret à langue d'aspic ou une *pyramide à basse carrée*. Dans ce cas, le téton doit être affûté (fig. 14).

Qu'est-ce qu'une perpendiculaire à une droite ? — Une perpendiculaire à une droite est une droite qui forme avec celle-ci deux angles adjacents égaux (fig. 11).

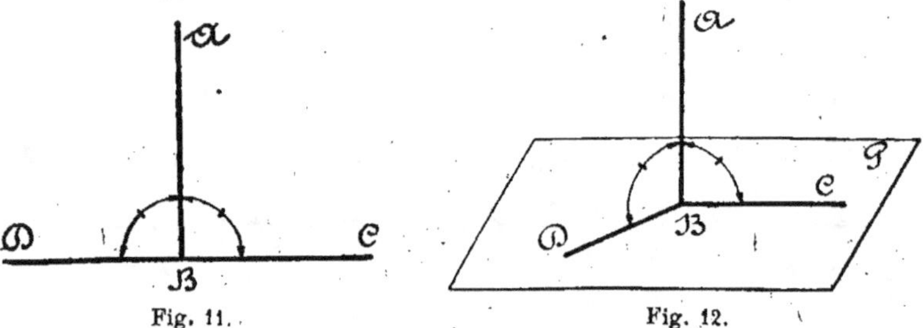

Fig. 11.   Fig. 12.

Une perpendiculaire à un plan est perpendiculaire à toutes les droites du plan qui passent par son pied (fig. 12).

Si je vous demandais comment vous feriez pour planter un mât perpendiculairement sur un terrain horizontal, vous seriez très embarrassés. Je vais vous indiquer un procédé pratique, que vous comprendrez, si vous avez suivi avec attention le cours de géométrie.

Dressez le mât après avoir attaché à l'extrémité libre, une corde, plus longue que le mât ; tendez la corde ; appuyez l'extrémité sur le sol et marquez l'emplacement. Mesurez la distance qui sépare le pied du mât du point que vous avez obtenu sur le terrain. Changez de place : recommencez deux fois l'opération, de manière que la corde soit également tendue, c'est-à-dire ait la même longueur en touchant le sol ; si vous trouvez la même distance entre les deuxième et troisième points et le pied du mât,

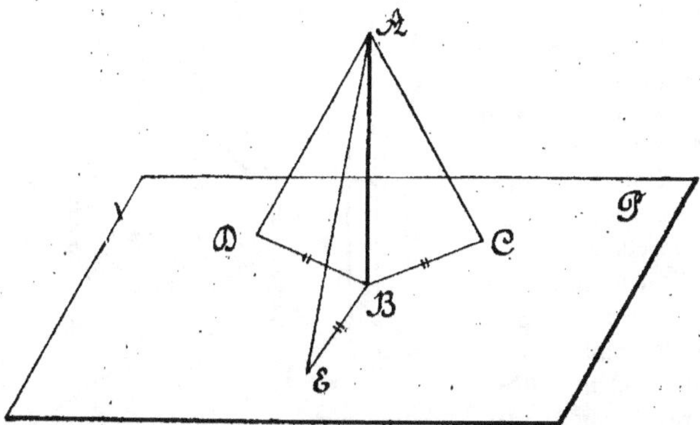

Fig. 13.

vous pourrez en conclure qu'il est perpendiculaire au sol, en vertu de ce théorème : les obliques égales s'écartent également du pied de la perpendiculaire et réciproquement (fig. 13).

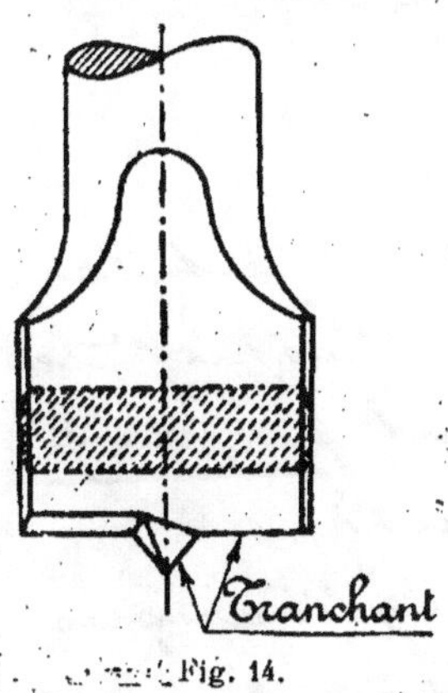

Fig. 14.

Attention : remarquez que vous devez faire trois expériences.

Vous pourriez également employer une équerre, mais une équerre à grands côtés. Faites-la vous-même en prenant trois réglettes ayant 5 m., 4 m., 3 m., que vous clouerez aux extrémités et vous formerez ainsi un triangle-rectangle. Pourquoi ? Parce que si, dans un triangle, le carré d'un côté est égal à la somme des carrés des deux autres, le triangle est rectangle.

Jeunes gens, ces deux exemples vous montrent que vous ne devez pas négliger les cours théoriques !

Le centrage du foret au début du travail serait très difficile pour ne pas dire impossible, sans le téton.

L'angle de coupe formé par la lèvre et le plat est de 80° environ. Cet angle, comme celui des forets à l'angle d'aspic, peut être diminué en dégageant la face avant des tranchants.

La fabrication des forets à téton demande assez de soins. Il faut que le téton et le guide soient bien dans l'axe du foret et que les arêtes tranchantes soient perpendiculaires à cet axe et *sur le même plan*.

Ces conditions sont réalisées plus facilement en employant un tour pour l'ébauche de l'outil. Les forets à téton présentent les mêmes inconvénients que les forets à langues d'aspic. Ils n'assurent pas un *travail fini* ; leur production est faible et ils sont peu résistants. Pendant le travail, on doit les retirer souvent pour enlever les copeaux qui ne se dégagent pas.

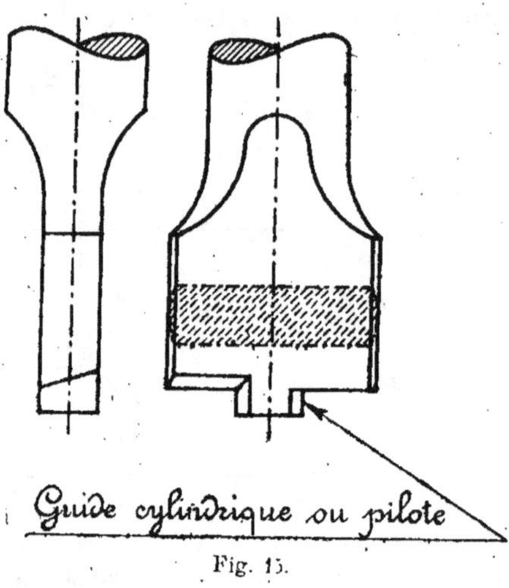

Fig. 15.

FORET A TÉTON CYLINDRIQUE.

Ces forets ont le téton cylindrique (fig. 15).

III. Foret à téton.

Le *téton* qui sert de guide est la tête du foret à langue d'aspic. Les lèvres du tranchant sont *perpendiculaires* à l'axe du foret.

Le téton est parfois cylindrique. Dans ce cas, il ne perce pas, mais sert uniquement de guide.

Pour les utiliser, on perce au préalable un avant-trou au diamètre du téton.

Ils sont employés principalement pour le perçage des *logements* des têtes de vis ou de boulon et le dressage des bossages.

FORETS HÉLICOÏDAUX.

Les forets hélicoïdaux, appelés aussi *mèches* américaines, sont cylindriques sur toute leur longueur.

Deux rainures hélicoïdales à *pas allongé* (8 fois le diamètre du foret environ) permettent le dégagement naturel des copeaux ; leur inclinaison est le plus souvent à droite. L'épaisseur de métal compris entre les deux rainures constitue *l'âme du foret*.

Pour vous faire comprendre ce que c'est qu'une hélice, prenez une feuille de papier rectangulaire de longueur (*a*), de largeur (*b*) ; tracez une diagonale rapprochez les deux largeurs en les plaçant l'une contre l'autre ; vous obtenez un cylindre et la diagonale forme l'hélice ; la largeur est le pas de l'hélice (fig. 16).

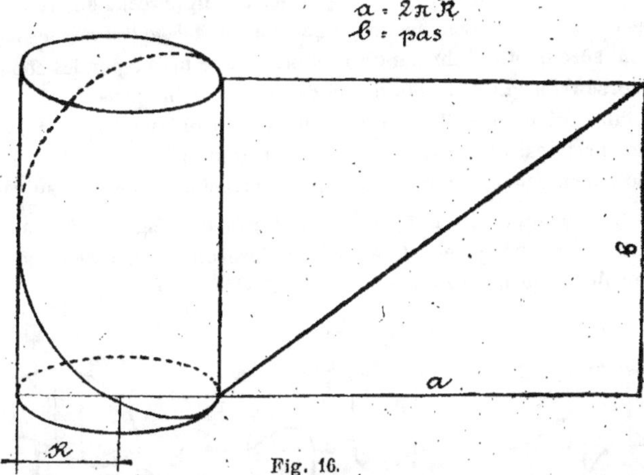

Fig. 16.

Vous comprendrez la forme d'une mèche américaine, la présence de l'âme, en vous représentant qu'elle peut être faite à chaud ou à froid par la torsion d'une barre à section rectangulaire (fig. 17).

Fig. 17.   S. O. M. U. A.

La queue de ces outils est cylindrique ou conique. Leur entraînement est assuré dans le premier cas par des mandrins à serrage concentrique, et dans le deuxième cas, soit par emboîtement direct dans le nez de la perceuse alésée au cône correspondant, soit par l'intermédiaire de douilles de réduction.

Les arêtes tranchantes sont droites et en avant du centre de la moitié de l'épaisseur de l'âme, elles doivent avoir la même longueur et *former* entre elles un angle de 118 à 120°. La mèche américaine présente, malgré ses rainures, une grande surface de contact avec les parois du trou, ce qui rend possibles les coincements. On les évite en *dépouillant* l'arrière des arêtes hélicoïdales et en laissant seulement une bande étroite pour le *guidage du foret* (fig. 18).

Fig. 18. Aux Forges de Vulcain.

On peut augmenter la *rapidité* et la netteté du perçage en creusant le long des faces hélicoïdales une gorge qui, venant *déboucher* vers les lèvres, y amènent sûrement le lubrifiant qui pourrait être arrêté par les copeaux, surtout lorsqu'il s'agit de forets à *grande production de travail*.

La fabrication et l'affûtage des forets hélicoïdaux nécessitent des machines spéciales. L'affûtage à la main est toujours irrégulier. Il doit être absolument rejeté, car il occasionne les principaux défauts suivants :

1° Les tranchants sont inégaux et n'ont pas la même inclinaison : le trou obtenu sera trop grand et les lèvres s'useront inégalement, car une seule travaille. L'outil *broutera* et tendra à dévier ;

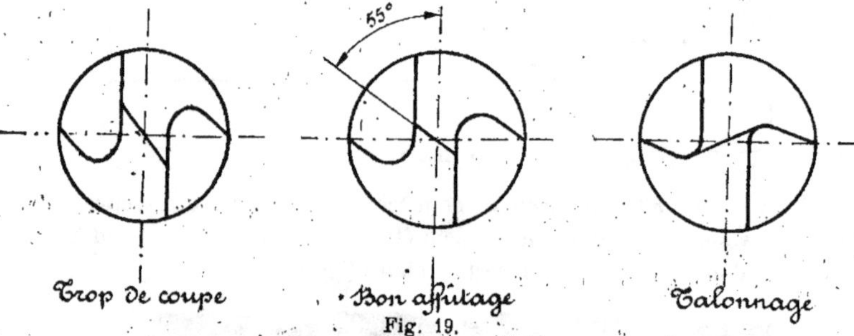

Fig. 19.

2° Les arêtes sont insuffisamment dépouillées : l'outil talonne et ne coupe pas franchement ;

3° Les arêtes sont trop dépouillées : l'outil devient fragile et les lèvres se brisent facilement.

L'emploi d'une machine à affûter supprime tous ces inconvénients ; elle permet, de plus, de gagner un temps considérable.

Pour reconnaître si la coupe d'un foret est bonne ou mauvaise, on examine l'outil *en bout* (fig. 19) :

1° L'angle de coupe est bon lorsque la ligne d'intersection des surfaces tranchantes forme avec l'un des tranchants un angle d'environ 55°.

2° Lorsque cet angle augmente, l'outil coupe de moins en moins. Quand il approche de 80°, les lèvres talonnent et ne coupent plus ;

3° Avec un angle inférieur à 55°, on obtient des lèvres trop dégagées, trop minces, qui n'offrent par suite que très peu de résistance.

Pour faciliter le centrage et l'avance des forets d'un certain diamètre, on doit amincir l'âme au sommet des tranchants. Il en est de même lorsque le foret est très raccourci après des affûtages successifs, car l'âme est plus épaisse près de la queue qu'à l'extrémité.

Pour obtenir le maximum de rendement et assurer une plus grande durée aux forets, il faut :

1° Les affûter souvent ;
2° Les fixer solidement et sans jeu dans le porte-forets ;
3° Fixer convenablement les pièces à percer ;
4° Éviter l'*attaque* brusque du métal ;
5° Diminuer l'avance au moment où le foret va *déboucher* du trou ;
6° Bien observer les *vitesses* et les *avances de coupe*.

Une vitesse trop faible et un serrage trop accentué causent la rupture de l'outil.

Une rotation exagérée et une avance trop lente occasionnent une usure latérale en bout qui rend le foret inutilisable par suite de la diminution du diamètre à la partie arrière des lèvres.

7° Bien lubrifier lorsqu'on travaille des métaux autres que la fonte, le bronze et l'aluminium.

Je vous remets deux tableaux qui vous indiqueront l'un, la vitesse,

IV. Foret hélicoïdal.

Ces forets sont supérieurs aux précédents : ils se guident mieux, s'em-

Vitesse de coupe économique pratique :

(en mètres par minute).

NATURE DE LA MATIÈRE USINÉE	ACIERS AU CARBONE ET ACIERS SPÉCIAUX			ACIERS RAPIDES ORDINAIRES			ACIERS RAPIDES SUPÉRIEURS		
	Chariotage à sec.	Fraisage lubrifié.	Perçage lubrifié.	Chariotage à sec.	Fraisage lubrifié.	Perçage lubrifié.	Chariotage à sec.	Fraisage lubrifié.	Perçage lubrifié.
Laiton	29	26	41	69	32	84	82	40	104
Bronze 90/10	25	25	33	60	29	64	72	37	78
Bronze 88/12	22	24	25	52	26	54	62	33	62
Bronze dur	20	22	20	45	24	45	54	30	54
Fonte grise ou acier à 30 kg.	17	20	17	40	22	40	48	28	48
Acier à 40 kg.	14	18	14	32	20	32	41	25	41
50 —	12	17	12	29	18	29	34	24	34
60 —	9	16	9	24	17	24	29	21	29
70 —	8	14	8	20	16	20	24	20	24
80 —	6	13	6	16	14,5	16	18	17	18
90 —	4	12,5	4	12	14	12	14,5	16	14,5
100 —	2,5	12	2,5	8	13	8	10	14,5	10
Fonte blanche dure aciérée	2	11	2	6,5	12.5	6,5	8	14	8
Acier à 110 ou acier au nickel à 25°/₀	1	10	1	5	12	5	6	13	6

et l'autre, les avances de coupe des forets hélicoïdaux à rechercher suivant les cas.

Écrivez la fin du résumé.

ploient sur toute leur longueur ; leur coupe est meilleure ; le rendement est plus élevé, le degré de fini du travail est supérieur.

L'affûtage est facile et rapide et ne doit se faire qu'avec une machine à affûter.

Tableau des avances moyennes recommandées pour les mèches en acier rapide.

DIAMÈTRES (mm.)	AVANCES PAR TOUR		DIAMÈTRES (mm.)	AVANCES PAR TOUR	
	Acier doux.	Fonte.		Acier doux.	Fonte.
6	0,13	0,28	40	0,42	0,56
10	0,19	0,33	45	0,44	0,59
12	0,23	0,35	50	0,46	0,62
15	0,27	0,37	55	0,47	0,64
18	0,31	0,40	60	0,48	0,65
20	0,32	0,41	85	0,49	0,66
25	0,36	0,45	70	0,50	0,67
30	0,38	0,48	75	0,50	0,67
35	0,40	0,52			

SUPÉRIORITÉ DES FORETS HÉLICOÏDAUX.

Ils présentent sur les précédents les avantages suivants, qui font que leur emploi se généralise et qu'ils sont les seuls adoptés dans les ateliers où une grande production est recherchée.

1° Leur forme cylindrique les maintient parfaitement dans le trou et assure ainsi une bonne direction de perçage ;

2° Les rainures hélicoïdales permettent le dégagement des copeaux pendant le travail, ainsi que le passage du lubrifiant ;

3° L'angle tranchant, inférieur à celui des outils étudiés précédemment, facilite l'enlèvement du métal ;

4° Leur grande résistance, jointe à une coupe meilleure, à un bon guidage, à une *lubrification continue* et à un *dégagement* normal des copeaux, permet *l'exécution rapide* d'un travail présentant un degré de fini bien supérieur à celui obtenu avec les autres forets.

Voici un tableau qui vous renseignera sur le prix des forets hélicoïdaux.

Tableau des prix approximatifs de forets hélicoïdaux fraisés à queue cône Morse.

DIAMÈTRE	PRIX DU FORET		DIAMÈTRE	PRIX DU FORET	
	en acier fondu.	en acier rapide.		en acier fondu.	en acier rapide.
3	5	7	25	19,10	45,90
5	3,25	8	30	27	62
10	4,50	9,75	35	36	86
12	5,50	11,50	40	49	119
14	6,50	14	50	82	189
16	8,40	18,75	60	126	324
20	12,50	28,50			

Forets spéciaux.

Aux Forges de Vulcain.

Fig. 20. — Foret à tube d'huile :
Le tube d'huile assure la lubrification.

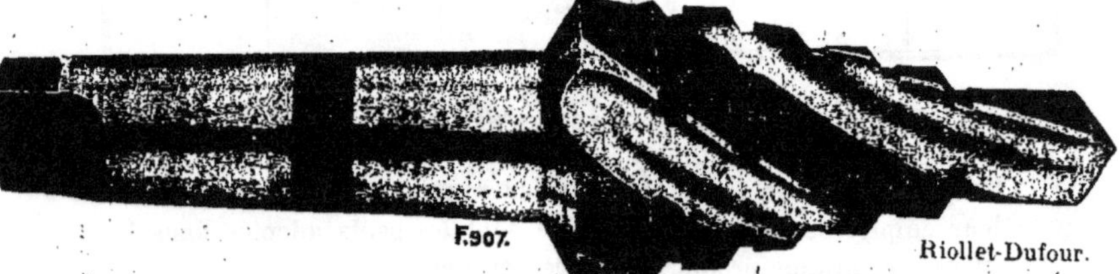

Riollet-Dufour.

Fig. 21. — Foret à gradins :
Employé pour forer les tôles.

Fig. 22. — Foret à cannelures droites :

Employé pour le perçage des métaux cuivreux.

Fig. 23. — Foret aléseur :

à 3 ou 4 lèvres, et utilisé pour la finition des trous venus de fonderie.

Fig. 24. — Foret à centrer :

Employé pour le centrage des pièces.

Fig. 25. — Foret à chambrer :

Employé pour l'obtention des logements des têtes de vis ou boulons.

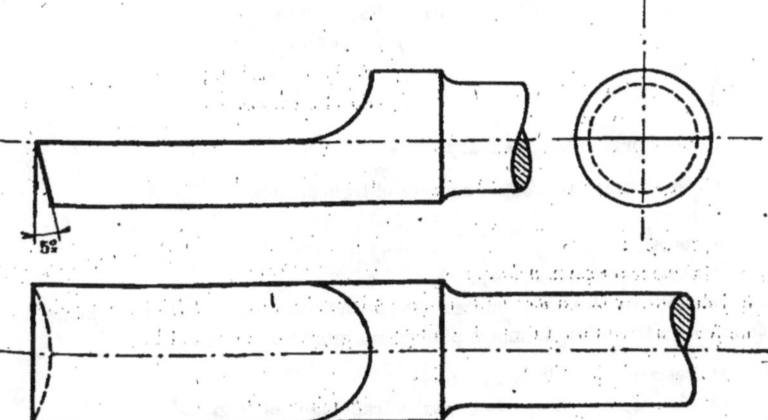

Fig. 26. — Foret à canon

Servant au forage des canons de fusil ; outil de finition.

Le respect de ses outils, c'est, pour l'ouvrier, un élément de la conscience professionnelle. Car celle-ci n'est autre que le sentiment de tous les devoirs de la profession, depuis les plus petits jusqu'aux plus grands, depuis le devoir de l'ordre et du rangement des choses jusqu'à ce dévouement à la tâche qui peut s'élever, qui s'est élevé souvent jusqu'à l'héroïsme. La conscience professionnelle, jeunes gens, qu'elle soit vivante en vous comme une flamme invisible ; qu'elle vous fasse aimer le métier que vous aurez librement, sérieusement choisi ; qu'elle vous le fasse préparer avec soin, exercer avec joie ; qu'elle fasse de chacun de vous un être utile et fier du labeur de ses mains. Car il n'y a pas, sachez-le, de fierté plus haute que celle qui vient de l'action féconde, de la production intelligente et consciencieuse. On se dégoûte du plaisir, de l'ambition ; on ne se dégoûte jamais de créer, et c'est de là que naissent les plus sûres, les plus durables des joies.

Résumé de la leçon.

I. — Les outils de perçage peuvent être classés en deux grandes catégories :

<table>
<tr><td>1° Les outils courants.</td><td>{</td><td>Foret à langue d'aspic ;
Foret à téton ;
Foret hélicoïdal ;</td></tr>
<tr><td>2° Les outils spéciaux.</td><td>{</td><td>Foret à tube d'huile ;
Foret à gradins ;
Foret à cannelures droites ;
Foret aléseur ;
Foret à centrer ;
Foret à chambrer ;
Foret à canon.</td></tr>
</table>

II. — Foret à langue d'aspic.

Le foret à langue d'aspic comprend trois parties :
la *tête* ;
le *corps* ;
la *queue* ou *emmanchure* ;
qui doivent avoir un *axe* commun sans la moindre *excentricité* sous peine de forer un trou d'un diamètre plus grand que celui de l'outil.

1° Description de la tête du foret.

La *tête méplate* comporte la partie tranchante et le guide.

Le *tranchant* est constitué par deux lèvres symétriques formant un *angle* de 90° à 120°.

L'*angle de taillant* déterminé par le *plat* de la tête et le *champ* du tranchant est de 80°. En donnant du *dégagement latéral*, on peut diminuer la valeur de cet angle et faciliter la coupe de l'outil ; en donnant de la *dépouille*, on empêche le *talonnage* de l'outil.

Les champs de la partie arrière du tranchant sont *parallèles* et constituent le *guide* de l'outil.

2° Description du corps.

Le *corps* a une *section* plus petite que celle du trou à percer pour assurer le dégagement des copeaux et le passage du lubrifiant.

3° Description de la queue.

a) *queue à emmanchement carré. Avantage :* Bon *entraînement. Inconvénients :* Le foret tourne difficilement rond.

Il n'existe pas de procédé recommandable pour chasser le foret après perçage.

b) *queue cylindrique. Avantage :* Le foret est *plus facile à construire* que le précédent.

Inconvénients. L'entraînement par une *vis de pression* est défectueux, on emploie dans ce cas le *mandrin de serrage*.

c) *queue conique.* Cette emmanchure a les avantages des précédents, sans en avoir les inconvénients. Dans un but d'uniformité, on emploie le *cône Morse* et des *douilles coniques* pour les cas spéciaux.

4° Affûtage des forets à langue d'aspic.
Les lèvres doivent avoir la *même longueur* et la *même inclinaison.*

5° Conclusions.
Les forets à langue d'aspic ne donnent pas un travail fini et leur production est faible.

III. Foret à téton.

Le *téton* qui sert de guide est la tête du foret à langue d'aspic. Les lèvres du tranchant sont *perpendiculaires* à l'axe du foret.

Le téton est parfois cylindrique. Dans ce cas, il ne perce pas, mais sert uniquement de guide.

IV. Foret hélicoïdal.

Ces *forets sont supérieurs aux précédents :* ils se *guident mieux, s'emploient sur toute leur longueur ;* leur coupe est meilleure, le *rendement est plus élevé, le degré de fini* du travail est *supérieur.*

L'*affûtage* est facile et rapide et ne doit se faire qu'avec une *machine à affûter.*

GÉOMÉTRIE	TERMES TECHNOLOGIQUES	FRANÇAIS VOCABULAIRE, ORTHOGRAPHE	SCIENCES	HISTOIRE ET GÉOGRAPHIE	DESSIN, ÉCRITURES	ÉDUCATION
Rotation, transla-tion,	Foret.	Foret, forêt (homonymes),	Aspic, venin	Cléopâtre,	titres,	conscience profes-sionnelle.
hélicoïdal, hélice,	emmanchure,	forer, percer (synonymes), manche, emmancher, démancher, emman-chement, emmanchure.	huile,	Égypte,	résumé,	
section carrée, carré,	lèvre,	affûter, aiguiser, affiler (synonymes),	rat.	Afrique,	croquis,	
excentricité,	champ, plat, méplat,	percer, perçage, percement, percée, trans-percer,	nez,	Suez.		
diamètre, centre,	queue de rat, trempe,	forer, forage, foret, forerie, perforer,	mouche,			
arête,	affûter, dégagement, entraînement,	gauche, gauchir, dégauchir,	talon.			
symétrie,	broche, brouter,	centre, centrer, décentrer, concentrique, excentrique, excentricité,				
axe,	dégauchir, vin,	cône, conique, conicité.				
angles, degrés,	marbre, trusquin, serrage, jeu, tenon, mortaise, décoller.	champ de blé.				
parallèles,		— de bataille,				
perpendiculaires,	cône Morse, douille, dépouille, détalonnage, bavure, lubrifiant, pas, mandrin, aléser.	— d'une lunette,				
pyramide,		— d'honneur,				
cône,		— de courses, de tir, de foire,				
cylindre.		— du repos,				
		— de Mars,				
		— d'une médaille,				
		sur-le-champ, à tout bout de champ, courir les champs, prendre la clef des champs, mettre de champ.				

Préparation de la leçon.

En utilisant le résumé que je vous ai dicté pour étudier la leçon et que je viens de reproduire dans son ensemble, vous préparerez pour la fois prochaine les questions suivantes :

TECHNOLOGIE.

Lorsqu'un foret quitte son centre, comment peut-on l'y ramener ? Quand ceci doit être fait ?

Quelle est la partie du foret qui fait la coupe ?

La profondeur de la rainure hélicoïdale d'un foret doit diminuer de la tête à la queue. Pourquoi ?

Quelle disposition résultant d'un affûtage mal exécuté aura pour résultat un trou trop grand. Pourquoi ?

Manière correcte de sortir un foret de son emmanchement ? Inconvénients résultant de l'emploi du marteau pour l'entrer ou le sortir, ou lorsqu'il est malpropre, ou rayé, ou dégradé ?

ARITHMÉTIQUE.

Déterminer le nombre de tours que doit faire :

1° Un foret en acier rapide de 25 mm. de diamètre, perçant une pièce en fonte grise ;

2° Un foret en acier au carbone de 40 mm. de diamètre, perçant une pièce en acier de R = 70 kg.

Quelle sera la durée de perçage dans l'un et l'autre de ces deux cas. Avances : 1° 0,28 mm. ; 2° 0,34 mm.

GÉOMÉTRIE.

1° Dessiner, sous forme d'épure, un foret hélicoïdal de 30 mm. de diamètre. Inclinaison de la tangente à l'hélice : 20° ; angle du tranchant : 116° ; queue conique au cône Morse n° 3.

2° Calculer le poids de copeaux enlevé dans le cas des applications 1° et 2°.

Enfin je vous questionnerai sur les mots que j'ai employés au cours de ma leçon, que j'ai pris la précaution d'écrire sur le tableau noir et que vous avez reproduits sur votre cahier.

PÉDAGOGIE

Documentation et Bibliographie.

Ouvrages de Technologie.

{ *Technologie d'ajustage* : cours de 2° année, par Raoul Caillault (Librairie Delagrave).

Fascicules technologiques de l'apprenti ajusteur. Fascicule n° 3, par Raoul Caillault (Librairie Delagrave).

Le Mécanicien pratique, par L. Faron (Librairie Hachette).

Exercices d'atelier : 2° série (travail aux machines), par A. Druot et Raoul Caillault (Librairie de l'Enseignement technique).

Catalogues divers ;

Emprunts provisoires aux ateliers de l'Ecole, aux quincailleries de la ville, aux fournisseurs de l'Ecole ; cours de dessin, de sciences, de géométrie, d'arithmétique, de français de l'Ecole ; entretiens avec les professeurs de ces cours.

Dictionnaire.

Conseil supérieur de l'Enseignement technique

SESSION DE 1922

Le Problème de l'enseignement ménager

Communication de M. E. LABBÉ
Directeur général de l'Enseignement technique.

I. — L'ENSEIGNEMENT MÉNAGER EST UNE NÉCESSITÉ SOCIALE

Dans une communication faite au Congrès international de l'Enseignement ménager à Gand en 1913, M. Mirguet, directeur honoraire d'École normale, rappelle une parole de Proud'hon :

« Les femmes n'aspirent à se marier que pour devenir souveraines d'un petit Etat qu'elles appellent *leur ménage.* »

S'il en est ainsi, l'enseignement ménager doit avoir pour objet de préparer les jeunes filles à l'administration judicieuse de ce petit Etat : il doit comprendre l'ensemble des connaissances théoriques et pratiques indispensables à toute maîtresse de maison pour diriger les différents services familiaux de son petit gouvernement, c'est-à-dire :

Services Financiers. — L'Administration économique des revenus de la famille ; l'établissement du budget familial ; la comptabilité ménagère.

Services de l'Alimentation. — Les achats et la conservation des aliments ; la préparation d'une nourriture saine, en rapport avec l'âge et les besoins de chacun des membres de la famille, en tenant compte des exigences du développement physique des jeunes, du simple entretien du corps des adultes et de la dépense des forces nécessaires à l'accomplissement des travaux qui alimentent le budget familial.

Service des Travaux familiaux. — Les achats, la confection partielle et l'entretien du linge et des vêtements ; le blanchissage et le repassage ; l'entretien du mobilier et de l'habitation.

Service des Beaux-Arts. — L'ordre et la propreté dans le ménage ;

le bon arrangement des objets mobiliers de toute nature déterminant une décoration de bon goût.

Service de l'Éducation. — L'hygiène et l'éducation de la première enfance ; l'observation de l'hygiène générale ; l'initiation aux différentes œuvres de solidarité.

1° L'enseignement ménager est nécessaire à toutes les femmes.

Ainsi compris, l'enseignement ménager a une portée qui ne saurait échapper à personne et il peut rendre à toute jeune fille, « quelle que soit sa condition », les plus inappréciables services.

En lui donnant le goût de ses occupations, il lui en révèle la beauté et aussi la grandeur ; il l'accoutume à réfléchir aux éventualités du lendemain, et à placer l'idéal de sa vie « là où il doit être ». Par là il est un levier d'instruction professionnelle, de formation morale et d'éducation sociale.

« La science du ménage est, pour la jeune fille et pour la femme, un préservatif contre l'ennui, le plus dangereux ennemi du foyer. Celle qui aime les travaux domestiques trouve les journées trop courtes et ne cherche pas au dehors des distractions et des plaisirs quelquefois funestes ; ses occupations, les affections et les joies de sa famille lui suffisent.

« Or, pour aimer ces travaux, il faut être capable de bien les remplir, il faut y avoir été de bonne heure, non seulement initiée, mais habituée (1) ».

2° L'enseignement ménager est aussi d'une grande utilité pour les classes moyennes.

Et remarquons-le bien, *cet enseignement n'est indifférent à aucune femme, quelle que soit sa condition sociale.* Comme la femme du peuple, la maîtresse de maison a besoin de se rendre compte de l'économie de son intérieur, de l'hygiène de son habitation et des soins que réclament ses enfants.

Aujourd'hui, comme du temps de Mme de Maintenon, « les femmes font et défont les maisons ».

3° L'enseignement ménager est indispensable aux ouvrières.

Mais combien cet enseignement est-il encore plus nécessaire aux jeunes ouvrières ! Par suite des transformations économiques modernes et du développement de la grande industrie, beaucoup de femmes et de jeunes

----

(1) Mlle Degruelle, directrice de l'École pratique de jeunes filles de Rouen.

filles sont détournées de leurs occupations naturelles. Cela constitue une sorte de danger social qui atteint profondément la famille ouvrière tout entière.

Voici, en effet, une famille composée du père, de la mère et de plusieurs enfants en âge de travailler. Supposons que la mère reste à la maison, ce qui, hélas ! n'est pas toujours vrai. Le père, les garçons et les filles partent le matin à l'usine, reviennent pour le repas de midi, et ne rentrent définitivement que le soir, pour le souper. Les filles absentes tout le jour, n'ont donc pas l'occasion de se former, même approximativement, même incomplètement, aux travaux de l'intérieur, ni d'apprendre leurs devoirs de bonnes ménagères.

Vienne l'époque du mariage, ignorant tout de la tenue d'une maison, la jeune femme ne peut s'acquitter de sa tâche ; les repas sont mal préparés et mal ordonnés ; les vêtements mal soignés, durent moins ; la maison, mal entretenue, est moins saine et d'aspect moins agréable ; les ressources provenant du gain du mari sont gaspillées ; si des enfants naissent, ils sont élevés au hasard, sans que la mère se préoccupe de leur donner des soins physiques et moraux rationnels. Dès lors, le mari, qu'aucun attrait ne retient plus au logis, prend le chemin du cabaret où achèvent de disparaître les ressources du ménage. C'est la gêne, sinon la misère. Alors les discussions commencent, l'affection disparaît de part et d'autre, le lien familial est dissous et les enfants en grandissant, n'ont plus sous les yeux que les plus tristes spectacles.

4° L'école doit répondre à cette nécessité sociale.

Nous nous excusons d'avoir esquissé, après tant d'autres, un pareil tableau qui n'est que trop fréquent, hélas ! dans les milieux ouvriers. Mais on reconnaîtra avec nous qu'en présence d'un mal social, si grave par ses conséquences, nul ne doive rester indifférent. Il faut agir, et puisque la famille ouvrière moderne ne peut plus être un centre d'éducation ménagère pour les jeunes filles, l'école doit y suppléer de la façon la plus large et la plus variée possible. Il faut donc que nous apprenions à nos ouvrières l'amour du foyer, la pratique d'une sage économie et les moyens d'assurer à ceux dont elles auront la charge, c'est-à-dire à leur mari et à leurs enfants, une alimentation saine et variée, un logement agréable et hygiénique.

Distribuons largement l'enseignement ménager : que toutes nos jeunes filles, selon l'expression de M. Vieillot, soient préparées aux devoirs qui les attendent dans la vie ; qu'elles puissent toutes devenir des ménagères éprouvées et de bonnes mères de famille et songez aux bénéfices de toute nature que la société en retirera !

5° L'enseignement ménager est un auxiliaire dans la lutte contre l'alcoolisme.

L'enseignement ménager, tel que nous l'envisageons, *sera un auxiliaire indirect, mais puissant, dans la lutte contre l'alcoolisme ;* en assurant l'hygiène de la maison, en enseignant à la femme l'art d'orner et d'embellir sa maison, de rendre le logis attrayant, il contribuera à y retenir le mari et à l'éloigner du cabaret néfaste...

6° L'enseignement ménager diminue la mortalité infantile.

D'autre part, si le logis est sain, si la mère est instruite de la façon rationnelle d'élever les enfants, *la mortalité infantile diminuera.* Elle a diminué, déjà, certes, grâces aux progrès de l'hygiène générale ; mais combien pourrait-elle diminuer encore, si la maison était plus salubre, et si les mères savaient.....

7° L'enseignement ménager assure la défense du foyer familial.

Et ce n'est pas tout. En mettant la femme à sa vraie place, en lui enseignant tous ses devoirs, comme ménagère, comme mère, l'enseignement contribuera à assainir le milieu familial en faisant régner la bonne entente entre les parents, car si des discussions éclatent souvent par la faute de l'homme, elles naissent souvent aussi du désordre de la femme, de son manque de soin sur elle-même ou dans la maison, ou de ses dépenses excessives. La bonne harmonie régnant dans la maison, les enfants n'auront plus sous leurs yeux ces exemples démoralisateurs que donnent les familles désunies ; *le foyer sera un milieu sain où les bonnes semences, jetées par les parents et les maîtres germeront et se développeront pour le plus grand bien de la moralité générale du pays.*

8° L'enseignement ménager doit être une leçon d'humanité et de solidarité.

Enfin, conséquence inattendue, cet enseignement ménager bien dirigé, peut contribuer à la fusion des classes. Il est clair, que le seul fait pour une jeune fille de famille aisée, d'employer un temps assez long à apprendre la besogne de sa cuisinière et à s'initier aux détails de la tenue d'une maison, l'amènera à ne plus dédaigner le travail manuel et diminuera la distance entre elle et ses servantes.

D'autre part, si le personnel chargé de donner cet enseignement dans la classe bourgeoise, sait procéder par d'ingénieuses comparaisons entre les ressources de ses élèves et celles des classes pauvres, s'il sait montrer aux jeunes bourgeoises la valeur que prend l'argent suivant le budget et suivant le milieu, il leur donnera une notion exacte et claire de ce qu'est la vie pour les familles ouvrières et les aidera à comprendre combien elle est dure et difficile pour certains. Si alors, leur cœur s'ouvre à la pitié et qu'elles veuillent un jour se montrer charitables, elles sauront comment alléger une misère sans froisser celui qu'on veut secourir ; elles auront compris la vérité profonde de cette belle parole du poète :

La façon de donner vaut mieux que ce qu'on donne.

L'enseignement ménager, bien compris, — nous nous en voudrions d'insister davantage, — *peut et doit être une belle leçon d'humanité et de solidarité. Il sera, certainement en tout cas, la défense véritable de la femme, de l'enfant, de la famille, et, par contre-coup, de la société tout entière.*

II. ORGANISATION DE CET ENSEIGNEMENT

Est-il besoin d'ajouter que, pour produire de tels résultats, cet enseignement doit être sérieusement et méthodiquement organisé ? Il convient de le régler et de le coordonner en s'inspirant à la fois des besoins des populations auxquelles il s'adresse, dés principes d'une pédagogie rationnelle, et aussi de l'expérience acquise dans les divers pays où il fonctionne et où il a fait ses preuves. Nous sommes très solidement persuadés, qu'en alliant la saine raison et les raisons de l'expérience, nous aurons les plus grandes chances d'aboutir à une œuvre, sinon parfaite, du moins viable et utile, que nous nous efforcerons de corriger et de perfectionner avec le temps.

1º Ecoles et cours d'enseignement ménager.

Pour atteindre son but et produire les effets sociaux que nous lui avons attribués, il est indispensable que *l'enseignement ménager s'adresse à toutes les classes de la société,* qu'il soit accessible à tous, qu'il pénètre, en un mot, dans tous les foyers. Il devra, pour cela, revêtir les formes les plus diverses et les plus souples.

Dans les *régions industrielles et agricoles* où la population ouvrière, de beaucoup la plus importante, est occupée aux champs ou à l'usine pendant la journée, il n'est possible d'agir sur elle que le soir, d'où la nécessité dans ces contrées, des *cours ménagers postscolaires.*

Dans les *grandes agglomérations,* il existe une population bourgeoise que l'enseignement ménager intéresse et qui dispose de loisirs dans la journée; il y aurait lieu d'instituer, dans ces villes, des *Ecoles ménagères avec cours du jour et cours du soir.*

Mais il y a des besoins particuliers à certaines régions ou à certains milieux. Pour y satisfaire, l'enseignement ménager devra revêtir des formes spéciales. Il conviendrait donc, en plus des cours ménagers post-scolaires et des écoles ménagères du jour et du soir, de prévoir des *Ecoles ménagères professionnelles spéciales*, telles que *Ecoles de laiterie*, *Ecoles agricoles* (pour les travaux de la ferme, du jardin ou des champs), *Ecoles de domestiques*, *Ecoles d'infirmières*, etc...

Enfin, pour former le personnel compétent de ces cours et de ces écoles, il serait indispensable de créer le *Cours normal d'enseignement ménager*.

Laissant de côté les Ecoles ménagères professionnelles spéciales comme étant trop particulières, et que nous n'avons d'ailleurs citées qu'à titre d'indication, nous examinerons maintenant le fonctionnement des cours ménagers du jour et du soir.

2° Organisation pédagogique d'un cours d'enseignement ménager.

L'expérience des Ecoles ménagères belges et suisses enseigne que, pour fonctionner dans de bonnes conditions et être fructueux, un cours ménager ne doit pas comprendre plus de 24 élèves réparties en 4 groupes de 6, chaque groupe correspondant à une famille-type ouvrière.

Au point de vue des travaux pratiques, les groupes seront affectés aux spécialités ci-après :

1° Cuisine et nettoyage ;
2° Lessivage ;
3° Repassage ;
4° Raccommodage.

La durée moyenne de la scolarité complète sera d'un semestre à raison d'une séance de deux heures à deux heures et demie par jour. Toutefois, les cours vaqueront le samedi pour permettre aux élèves de se livrer chez elles aux travaux de nettoyage hebdomadaire. Les élèves changeront donc de groupe toutes les six semaines.

Chaque cours comprendra une partie théorique et une partie pratique. La partie théorique sera commune à tous les groupes. Placée au début de chaque séance, elle portera autant que possible, sur les travaux pratiques qui la suivront ; elle aura pour objet de permettre aux élèves de comprendre toutes les opérations se rapportant à ces travaux et d'exécuter ces derniers d'une manière intelligente et rationnelle. Le temps consacré aux leçons sera réduit au minimum : un quart d'heure, une demi-heure, ou moins si c'est possible.

Les travaux pratiques seront, dans la mesure la plus large, alimentés par les élèves elles-mêmes qui apporteront à l'École le linge à laver, à repasser et à raccommoder, les ustensiles à nettoyer, etc.

L'ordre des leçons théoriques et des travaux pratiques ne sera pas quelconque : il suivra un programme rationnellement établi et surtout intelligemment adapté aux conditions de la vie locale et du milieu, bref, aux besoins réels des élèves. Celles-ci n'auront pas moins de quatorze ans, afin de suivre les cours avec profit : il ne faut pas que les jeunes filles jouent « à la dinette » ou « à la poupée ».

Tel est le type de l'organisation que nous proposons ; mais les cours peuvent différer sensiblement des indications générales que nous venons d'exposer. La durée de la fréquentation, par exemple, pourra être réduite ou augmentée, les cours pourront avoir lieu tous les jours. Cela, nous le répétons, dépend uniquement des circonstances : l'enseignement ménager ne cristallise pas dans un système unique.

Voici, toujours à titre d'indication, quelques types d'horaires de cours ménagers :

1° Scolarité de trois mois seulement avec deux séances par jour, une le matin, une autre le soir, d'une durée de deux heures à deux heures et demie chacune ; les travaux du matin seraient particuliers à la cuisine et au nettoyage, ceux du soir au raccommodage et au repassage du linge ; tous les groupes fréquenteraient les cours matin et soir.

2° Scolarité de six mois avec deux séances par jour, mais les séances n'auraient lieu que tous les deux jours, pour les mêmes élèves. Pendant le jour libre, le personnel se transporterait dans un autre quartier de la localité, ou dans une commune voisine, pour y faire des cours du même genre.

3° Scolarité de six mois avec deux séances par jour pour deux catégories d'élèves : une séance le matin pour les élèves libres dans la journée, une séance identique le soir pour les ouvrières, etc.

A la campagne, les cours n'auraient lieu que l'hiver seulement, la population étant complètement accaparée l'été par les travaux agricoles. Pour les endroits peu populeux, il pourrait y avoir entente entre plusieurs communes.

Comme personnel, un enseignement ménager ainsi compris n'exige qu'une maîtresse d'enseignement ménager et une cuisinière femme de charge, occupées seulement pendant les heures de cours. A la rigueur, il est possible de se passer des services de la cuisinière-femme de charge, puisque les élèves doivent assurer elles-mêmes tous les travaux de cuisine et de nettoyage.

Telles sont les grandes lignes de l'organisation pédagogique des cours d'enseignement ménager, cette organisation devant se caractériser par sa souplesse, par son extrême facilité d'adaptation aux circonstances revêtira, suivant l'endroit et le milieu, les formes les plus variées.

3° Installation matérielle [1].

LOCAL. — Dans les centres où il existe une École pratique, les cours ménagers se feront, tout naturellement, dans les locaux de cet établissement déjà aménagés à cet effet.

Dans les localités rurales, ils pourront avoir lieu à l'école, le plus souvent dans le logement même de l'institutrice, laquelle se prêtera d'autant plus volontiers à cette combinaison qu'elle pourrait être chargée des cours après avoir suivi les leçons du cours normal ménager. D'ailleurs, quel emplacement exigent ces cours ? Une cuisine et une autre salle voisine peuvent suffire. Il ne faut pas perdre de vue que les élèves doivent se trouver, au point de vue emplacement, matériel et mobilier, dans les conditions ordinaires de la vie courante à la maison. Or, le logement de l'institutrice remplit ces conditions. Il convient donc aux cours ruraux.

Dans les grands centres dépourvus d'écoles pratiques, on pourra aménager un local spécial aux cours ménagers.

Dans ce cas, et partout où l'on sera obligé de construire, l'idéal serait de *bâtir, à l'usage exclusif des cours, une maison ouvrière-type* qui se rapprocherait par son étendue, sa distribution et son mobilier, de celle où la jeune fille aura plus tard à exercer son rôle de ménagère.

Cette idée d'affecter aux cours ménagers une maison ouvrière-type est intéressante à plus d'un point de vue. Sans nous y arrêter longuement, — ce que le cadre de la présente étude ne nous permet pas, — nous ne pouvons nous empêcher de dire qu'elle est le meilleur plaidoyer en faveur de l'hygiène de l'habitation ouvrière. Depuis quelques années on a vu se former de nombreuses œuvres à caractère philanthropique qui s'intitulent œuvres des maisons ouvrières, des habitations à bon marché, des logements salubres, de l'hygiène de l'habitation, des jardins ouvriers, etc. Toutes ces œuvres font preuve d'une activité et d'une générosité admirables. Les résultats auxquels elles aboutissent ne répondent peut-être pas à leurs efforts. C'est que leur action ne s'excerce pas suffisamment dans le domaine pratique, qu'elles ne communiquent pas assez aux populations à qui elles s'adressent le désir de réaliser leurs belles théories. Or, rien ne vaut l'exemple pour agir sur les convictions. Ne dit-on pas que « l'exemple est contagieux ? » La maison ouvrière-type fréquentée par la femme ouvrière, par la jeune fille ouvrière qui apprendront à l'apprécier, à l'aimer, répandra dans les populations ouvrières le désir d'habiter désormais un logement sain et confortable. Aussi, rien que pour ce résultat, l'État, le département, les communes, devraient-ils

[1] Voir annexe I.

encourager de toutes leurs forces la création de maisons ouvrières destinées à l'enseignement ménager.

D'ailleurs, il est possible d'obtenir, pour un centre déterminé, la construction d'une maison ouvrière-type à peu de frais en faisant appel au concours généreux :

1° des entrepreneurs qui verraient là une excellente occasion de se faire une publicité efficace ;

2° des Sociétés s'occupant de construction de maisons ouvrières ;

3° de grandes Sociétés industrielles ou commerciales qui construisent des maisons pour leur personnel ;

4° du Comité d'hygiène départemental ;

5° de l'État ;

6° des œuvres philanthropiques que nous avons citées tout à l'heure, etc., etc.

MATÉRIEL ET MOBILIER. — L'école ménagère sera pourvue des meubles et des ustensiles qu'on rencontre ordinairement dans les ménages ouvriers. Il faut surtout que les élèves s'exercent à tirer parti du matériel qu'elles auront à utiliser plus tard.

Il est problable que le matériel et le mobilier de l'École ménagère pourraient être obtenus à des conditions exceptionnelles de bon marché en raison de la précieuse publicité qui en résulterait pour les fournisseurs (pour habituer la future ménagère aux prix des choses, chaque article de cuisine ou de mobilier porterait, visiblement, l'indication de sa valeur marchande).

Enfin, pour le cas d'écoles ambulantes, il ne serait pas impossible de réaliser un matériel transportable, soit par caisses, soit à l'aide d'une roulotte, ainsi que cela se pratique d'ailleurs déjà pour les Écoles de laiterie départementales.

4° Programme d'enseignement (1).

Les notions enseignées aux élèves dans les cours ménagers porteront sur :

a) *L'alimentation*;

b) *L'habitation* ;

c) *Le vêtement et le linge* ;

d) *L'hygiène et la médecine pratique* ;

e) *L'hygiène de l'enfance* ;

(1) Ces programmes ont été appliqués dans des Écoles pratiques de commerce et d'industrie.

f) Des notions élémentaires d'économie sociale et de comptabilité de ménage.

Chacune de ces parties sera traitée au point de vue théorique et pratique. Ainsi que nous l'avons déjà dit, la leçon théorique sera faite au début de chaque cours. Les travaux pratiques compléteront la séance. Pendant l'exposé de la leçon, les élèves prendront des notes, afin de pouvoir se reporter plus tard aux indications de la maîtresse. Bien entendu, ces notes seront aussi concises que possible.

Pour donner une idée de l'enseignement qui serait dispensé dans les cours ménagers, nous avons établi pour chacun des chapitres ci-dessus un projet de programme que nous allons exposer ci-après.

HYGIÈNE DE L'ALIMENTATION
1° Cours théorique en seize leçons.

I. RÔLE DE L'ALIMENTATION. — Composition et classification des principes nutritifs contenus dans les aliments. — Transformation des aliments dans l'appareil digestif. — Nécessité d'une alimentation variée.

II. RATIONS ALIMENTAIRES ET HYGIÈNE DES REPAS. — Rations d'entretien, de travail, de croissance ; — alimentation des adultes, des enfants et des adolescents, des vieillards. — Hygiène des repas : importance, nombre, durée ; intervalles et heures des repas ; repas chauds et repas froids... — Composition des menus.

III. CUISSON DES ALIMENTS. — But de la cuisson. — Influence de la cuisson sur la digestibilité et la valeur nutritive des aliments. — Valeur des différents modes de cuisson : étude des grillades, rôtis, braisés et sautés, ragoûts et aliments cuits à l'eau bouillante, fritures.

IV. LE LAIT PUR, PROPRE ET SAIN. — Composition et valeur nutritive. — Caractères du bon lait. — Transport, altérations, falsifications courantes, moyens de les déceler. — Conservation du lait : 1° conservation domestique ; 2° conservation industrielle ; lait stérilisé, condensé, lait en poudre.

V. BEURRE ET CRÈME. — Composition, valeur nutritive. — Caractères du beurre de bonne qualité. — Altération du beurre. — Achat et conservation du beurre : salaison, clarification, cuisson.

Le Fromage : fabrication. — Composition et valeur nutritive des différents fromages : maigres ou gras, frais ou fermentés.

VI. LES ŒUFS. — Composition, valeur nutritive. — Leur rôle dans l'alimentation des bien-portants, des enfants, des malades. — Comment reconnaître les œufs frais.

Conservation des œufs : 1° conservation domestique.

2° conservation industrielle.

Dangers de certains œufs conservés et des préparations culinaires (crèmes variées) dans lesquelles ils entrent.

VII. LES VIANDES DE BOUCHERIE. — Composition. — Digestibilité et valeur nutritive. — Différentes catégories de viandes. — Caractères des viandes de bonne qualité. — Leur rôle dans l'alimentation. — Dangers d'une alimentation trop carnée. — Valeur de la viande frigorifiée, des conserves de viande (corned beef).

Porc et charcuterie — conserves de ménage.

Viandes altérées et viandes malades — viandes parasitées — leurs dangers.

VIII. LES VOLAILLES ET LE GIBIER. — Choix, préparation, présentation — découpage. — Conserves de volailles : confits.

IX. POISSONS. — Composition, digestibilité, valeur nutritive. Prix de revient. Caractères du poisson frais. Conserves de poisson : leur valeur.

Valeur nutritive des crustacés et des mollusques. — Cuisson des crustacés marins et des écrevisses.

X. CORPS GRAS ALIMENTAIRES. — Composition — valeur nutritive : Corps gras d'origine animale et corps gras d'origine végétale. — Digestibilité. — Usages.

XI. LES CÉRÉALES. — Composition — valeur nutritive. — Leurs emplois dans l'alimentation. — Etude particulière du pain et des pâtes alimentaires.

XII. LES LÉGUMES. — Légumes verts (azotés, salins, acides) légumes frais et légumes secs. Valeur nutritive, préparation, cuisson, conservation.

XIII. LES FRUITS. — Composition : fruits acidulés, sucrés, amylacés ou huileux. Valeur nutritive et hygiénique. — Utilisation des fruits frais. — Conservation des fruits. — Confitures : valeur nutritive.

XIV. CONSERVES ALIMENTAIRES. — Principales causes d'altération des aliments. Principes applicables à la conservation des aliments ; principaux procédés employés en économie domestique.

(Leçon destinée à coordonner et à compléter les notions acquises au cours des leçons précédentes).

XV. INTOXICATIONS D'ORIGINE ALIMENTAIRE. — Intoxications résultat des falsifications alimentaires.

Intoxications provoquées par les conserves.

Intoxications provoquées par les récipients utilisés pour la cuisson des aliments.

Troubles produits par ces différentes intoxications :

1° Troubles immédiats ;

2° Troubles apparaissant plusieurs heures après l'ingestion. — Remèdes.

XVI. Les Boissons. — Eau. — Composition — Propriétés. — Caractères d'une eau potable, assainissement de l'eau d'alimentation.

Boissons aromatiques.

Boissons alcooliques : classification. — Rôle physiologique de l'alcool ordinaire, valeur hygiénique des boissons alcooliques.

L'Alcoolisme.

EXERCICES PRATIQUES DE CUISINE

1° Marchés faits avec les élèves. — Achat des principales denrées. Distinction des différentes catégories de viande, indications relatives à leur valeur hygiénique et culinaire. Calcul rapide du poids demandé. Vérification des poids. — Moyens de se procurer avantageusement légumes, beurre et œufs.

2° Exercices de cuisine : a) *Soupes et potages*. — Pot-au-feu : deux modes de cuisson de la viande ; avantages respectifs. Croûtons pour potage.

Soupes de légumes : poireaux et pommes de terre. — Cresson et pommes de terre. — Tomates, oignon, pommes de terre. — Soupe panade à l'oseille. — Soupe de légumes frais (type julienne).

Soupe au chou.

Soupes de légumes secs : lentilles, pois cassés, haricots.

Soupes économiques préparées avec l'eau de cuisson des légumes frais ou secs et avec des pommes de terre.

b) *Hors-d'œuvre*. — Olives, radis roses, radis noirs, céleri-rave. — Sauce moutarde, piments doux, betteraves, concombres, tomates.

Filets de harengs, sardines, thon, tomates farcies au thon. — Saucisson, jambon, etc...

c) *Sauces*. — Sauces préparées *à chaud* : à base de *roux blond*, sauce blanche, sauce béchamel, sauce Mornay, sauce poulette, sauce tomate ; à base de *roux brun* : sauce piquante, sauce chasseur.

Sauces préparées *à froid* : vinaigrette, ravigote, mayonnaise.

d) *Œufs* : à la coque, sur le plat, pochés, mollets, durs, œufs brouillés, omelette (le jambon, le fromage, les champignons, les tomates, l'oseille, etc...) permettent d'apporter une grande variété dans les préparaions à base d'œufs).

e) *Poisson :* rôti (maquereau ou gros rouget) braisé (tranches de colin). — Cuit au court-bouillon. — Frit.

Utilisation des restes de poisson : froid avec sauce, en croquettes, en timbale avec sauce Béchamel ou sauce Mornay.

Morue : Comment la dessaler.

Les moules.

f) *Viandes.*

Grillade de viandes rouges (bifteck, côtelettes de mouton) de viandes blanches (porc).

Cuisson à la poêle : bifteck ou tranches de gigot hachés (préparation recommandée pour les jeunes enfants) ; escalopes, foie de veau.

Rôtis : bœuf, veau, porc, épaule de mouton ou gigot, lapin, poulet. Comment peut-on servir les restes de rôti.

Braisés : Bœuf braisé, poitrine de veau farcie (ou épaule de veau farcie).

Préparations culinaires pouvant être rapprochées des braisés : bœuf à la mode, bœuf bourguignon, sauté de veau Marengo.

Ragoûts : Ragoût de bœuf (aux carottes et aux pommes de terre) ragoût de mouton (navarin), de porc (à la fermière), blanquette de veau. — Ragoût d'oie au celeri et aux salsifis.

Utilisation des restes de viandes : hachés et servis en timbale avec une sauce tomate ; ou en fricadelles ; ou en pâte (tourte de ménage), etc... rissoles.

Abats : cervelle de veau au beurre noir, beignets de cervelle ; rognons de mouton.

g) *Légumes. — Pommes de terre :* en robe des champs, en purée, pommes de terre au lard, gratin dauphinois, pommes frites, croquettes.

Chou : chou farci, chou-fleur au gratin, choux de Bruxelles.

Légumes verts : Cuisson et assaisonnement. Salade cuite.

Légumes secs.

Pâtes alimentaires et riz : macaroni à la tomate, au gratin, rizotto.

Utilisation des restes de légumes : en soupe, en salade. Purée de pommes de terre : ajouter du gruyère râpé, gratiner.

Tous les restes de légumes peuvent être hachés et présentés en timbale avec sauce Mornay.

h) *Entremets et pâtisserie. —* Crème économique, œufs à la neige, gâteaux de riz, semoule, etc...

Préparations à base de : *pâte feuilletée :* galettes, tartes aux fruits ;
      —   *pâte brisée :* tartes confitures, roussettes ;
      —   *pâte à levure :* brioches, madeleines ;
      —   *gâteaux secs :* langue de chat, sablés.

Divers : biscuits mousseline, de savoie, quatre-quarts, pain perdu : pudding, crépes, clafoutis limousin ; beignets pommes.

3° *Mise du couvert*. — Ornementation simple de la table. — Service des repas.

4° *Conserves alimentaires*.

HABITATION

1° *Conditions de salubrité de l'habitation*. — Emplacement, orientation, disposition intérieure.

Désinfection de l'habitation.

Les parasites de l'habitation : leurs inconvénients et leurs dangers.

Destruction des souris, des insectes (mouches, moustiques, puces, punaises).

2° *Ventilation*. — But et nécessité de la ventilation. Ventilation intermittente, ventilation permanente.

3° *Chauffage*. — Nécessité du chauffage. Le meilleur mode de chauffage est celui qui est à la fois hygiénique et économique. Combustibles.

Appareils de chauffage : cheminées: poêles ordinaires, poêles à combustion rapide. Chauffage central.

Avantages et inconvénients des différents modes de chauffage.

Maniement et entretien des appareils de chauffage.

4° *Eclairage*. — *a*) Eclairage naturel. — Sa valeur hygiénique.

b Eclairage artificiel. — Valeur hygiénique et économique des principaux appareils d'éclairage. — Maniement et entretien : lampe électrique (fonctionnement, lecture du compteur) — appareils à gaz de houille (fonctionnement, lecture du compteur) — appareils à gaz d'essence — lampe à pétrole — lampe à essence minérale — bougeoirs.

Distribution et intensité de l'éclairage artificiel.

5° *Le travail ménager*. — Quelques notions d'organisation ménagère : emploi du temps par jour, par semaine, par mois.

Matériel et produits de nettoyage, fonctionnement, mode d'action et mode d'emploi. — Rangement.

6° *Entretien des parquets*. — Carrelages, bois blanc, parquets cirés.

7° *Entretien des parois de l'habitation*. — Murs, boiseries, vitres et glaces, marbres...

8° *Nettoyage et entretien du mobilier*. — Nettoyage journalier. Soins à donner aux meubles : en bois blanc, cirés, vernis, polis, ripolinés ; aux sièges en étoffe, aux tapis, tentures. Nettoyage du linoléum, des toiles cirées. — Objets d'ornement.

9° *La cuisine.* — Aménagements. Entretien des appareils de cuisson. de la vaisselle, de la batterie de cuisine, de l'évier. Boîte à débris ménagers.

10. *Chambre à coucher et cabinet de toilette.* — Installation. Literie, manière de faire un lit. — Entretien de la table et des objets de toilette.

11. Matières usées : évacuation des matières usées (ordures ménagères, eaux ménagères, des W. C.).

TRAVAUX PRATIQUES

1. *Entretien de l'habitation, du mobilier.* — Emploi du temps par jour, par semaine, par mois. Matériel de nettoyage : rangement dans les placards, armoires.

a) Entretien de la maison. — Nettoyage des parquets, carrelages ; des murs peints à l'huile ou recouverts de papiers peints ; des boiseries, des carreaux de faïence, des plafonds. Nettoyage des glaces, vitres, marbres. Installation et entretien des cabinets.

b) Entretien du mobilier : des meubles en bois blanc, en bois ciré. verni, poli ; de la literie ; des objets de toilette ; des tapis, de la sparterie, du linoléum, de la toile cirée ; nettoyage des objets d'ornement.

c) L'entretien de la cuisine nécessite, en outre des travaux pratiques précédents, le nettoyage de l'évier, de la vaisselle, des couverts, des ustensiles de cuisine ; de la boîte à débris ménagers.

II. *Chauffage.* — Préparation, allumage, entretien et réglage des feux. Nettoyage des appareils de chauffage : cheminées variées, poêles simples ou à feu continu, fourneaux de cuisine, réchauds à gaz, à pétrole. Feux de cheminées, ramonages. Approvisionnements en combustibles.

III. *Eclairage.* — Préparation, allumage et entretien des lampes diverses. Précautions à prendre dans l'emploi des lampes à essence minérale, des appareils à gaz. Compteur à gaz, mécanisme, contrôle.

LE LINGE ET LES VÊTEMENTS

I. *Rôle des vêtements.* — Valeur hygiénique des différents tissus qui servent à les confectionner.

II. *Principaux produits servant au nettoyage du linge et des vêtements.* — Absorbants : magnésie, terre de Sommières. — Dissolvants : essence minérale, benzine, éther. — Saponifiants : alcali, cristaux de soude, lessives. — Décolorants : Eau de Javel, gaz sulfureux. — Produits acides : sel d'oseille, acide oxalique, acide tartrique.

III. *Entretien des vêtements.* — Soins journaliers de propreté. — Mise en place. — Rangement des vêtements d'été ; des vêtements d'hiver.

Réparation et transformation totale des vêtements.

IV. *Enlèvement des taches.* — 1° Par l'eau et le savon ; 2° autrement que par l'eau et le savon (taches de graisse, de bougie, de peinture, de goudron, de cambouis, de lait, de chocolat ou de café, de fruits, d'encre, de boue, de vinaigre, de jus de citron).

V. *Nettoyage des vêtements.* — But du nettoyage. — Nettoyage des vêtements de coton, de laine. — Nettoyage de la soie. — Comment on ravive la couleur des étoffes.

VI. *Le Linge.* — Choix et entretien des draps, taies d'oreiller, serviettes de toilette. — Nappes et serviettes de table, linge de cuisine.

VII. *Blanchissage du linge.* — But du blanchissage. — Opérations préliminaires : triage, trempage, essangeage. — Lessivage et rinçage. — Exposition du linge à l'air. — Azurage. — Séchage. — Linge de couleur ; tissus tricotés ; bas. — Machines à laver : description et fonctionnement des principaux types.

VIII. *Raccommodage.* — Petits et grands raccommodages, transformation totale du linge très usagé.

IX. *Repassage du linge.* — Matériel de la repasseuse. — Préparation et repassage du linge.

TRAVAUX PRATIQUES

I. — Examen des tissus qui peuvent servir à la confection du linge et des vêtements. En faire apprécier la qualité et le prix.

II. *Entretien.* — Comment brosser, plier, ranger les vêtements pour en éviter l'usure et la déformation. Conservation en été des vêtements de soie.

Nettoyage des vêtements : comment restituer leur couleur aux lainages qui ont subi l'action de l'air et du soleil ; nettoyage des flanelles, des lainages blancs, des lainages clairs, foncés, de la laine tricotée, — nettoyage des soies noires, blanches ou de couleur claire, — nettoyage des velours « de coton », « de soie », des rubans, — nettoyage des tissus de coton teints ou imprimés.

Enlèvement de taches variées sur du linge blanc ou sur du linge de couleur, sur les lainages blancs ou sur les lainages de couleur, sur les tissus de soie.

Entretien des chaussures (boîte de nettoyage), des gants, des chapeaux.

Lessivage du linge blanc, nettoyage du linge de couleur.

Entretien du matériel de blanchissage.

Réparation, raccommodage du linge de corps, du linge de la maison, des vêtements : reprises, pièces.

Utilisation des vieux vêtements : changements à opérer dans les vêtements, suivant la mode.

Repassage de pièces de linge ou vêtements présentant des difficultés graduées : serviettes, mouchoirs, nappes, taies d'oreiller, tabliers, jupons, etc. Entretien du matériel de repassage.

Mise en place du linge dans les armoires.

HYGIÈNE

I. — HYGIÈNE DE L'ENFANCE.

1° *Les premiers soins.* — Principales causes de mortalité infantile. — Germes infectieux. — Froid. — Alimentation. — Le squelette et le système nerveux du nouveau-né.

2° *Soins divers du premier âge.* — La toilette d'un bébé : éviter le froid, l'infection microbienne. — Soins à donner aux yeux, au visage, à la tête.

Bains : bains spéciaux : tilleul, amidon, son.

Change du bébé. — Généralités sur le choix et l'entretien du linge et des vêtements. — Mode d'habillement des bébés : maillot français, habillement moderne. — Composition de la layette. — La lessive de bébé.

3° *Soins divers du premier âge* (suite). — Chambre et sommeil des bébés. — Chambre : aération et chauffage ; mobilier — lit et literie : lit ou berceau, matelas, matelas de son, rideaux.

Comment il faut coucher les bébés. — Sommeil. — Sorties. — Exercice. — Jouets. — Sucette.

4° *Alimentation des bébés.* — Allaitement maternel. — Valeur de l'allaitement maternel : pour l'enfant ; pour la mère. — Pratique de l'allaitement maternel : pendant la première semaine de la vie du bébé ; à partir de la deuxième semaine. — Alimentation de la nourrice.

5° *Alimentation des bébés* (suite). — Allaitement mixte. — Allaitement mercenaire. — Dans quels cas s'impose l'allaitement artificiel. — Ses dangers. — Stérilisation du lait : ébullition ; stérilisation du bain-marie ; stérilisation industrielle. — Pratique de l'allaitement artificiel. — Surveillance. — Allaitement mixte. — Allaitement mercenaire.

6° *Sevrage.* — Définition. — Précautions à prendre au moment du sevrage. — Alimentation jusqu'à trois ans.

7° *Surveillance du développement des petits enfants.* — Quelques indices de bonne santé chez les tout-petits. — Surveillance de la digestion des bébés. — Surveillance de la croissance des bébés : poids, taille, fontanelles, dentition. — Les cris des bébés.

8° *L'enfant malade.* — Quelques maladies des bébés. — Maladies de l'appareil digestif : vomissements, diarrhée, gastro-entérite, constipation. — Maladies de l'appareil respiratoire : rhume de cerveau, bronchite et broncho-pneumonie, faux-croup et croup. — Fièvres éruptives : varicelle, rougeole, scarlatine. — Troubles du système nerveux.

9° *L'enfant malade* (suite). — Soins à donner aux enfants malades. — Généralités. — Alimentation. — Administration des remèdes. — Précautions à prendre en cas de maladies contagieuses. — Vaccination.

10° *Quelques formules et recettes.* — Maillot tiède. — Compresse chaude. — Cataplasme de farine de lin. — Cataplasme sinapisé. — Enveloppement sinapisé. — Purgation. — Bouillon de céréales. — Comment moucher les bébés.

II. — Hygiène de la jeune fille, de la femme, des professions féminines.

III. Les maladies infectieuses. — Causes, caractères. — Modes de transmission des principales maladies contagieuses. — Prophylaxie. — Etude particulière de la tuberculose.

IV. La suppuration. — Causes, dangers. — Comment soigner : mal blanc, clou, abcès... Asepsie et antisepsie. Pansements sommaires.

V. Soins a donner en attendant le médecin. — Prise de la température. — Préparation de cataplasmes, de tisanes.

Soins aux malades : hémorragies, brûlures, syncope, asphyxie, entorse, luxation.

VI. Pharmacie domestique. — Composition et mode d'emploi des médicaments.

ÉCONOMIE SOCIALE ET COMPTABILITÉ
Cours théorique en cinq leçons.

I. — Notions élémentaires de droit usuel applicables à la famille.

Le mariage, ses effets, puissance paternelle, minorité, tutelle, émancipation, majorité, successions, testament.

Contrats, location, hypothèques, baux.

II. — Travail des enfants et des femmes dans l'industrie. Associations ouvrières.

Sociétés coopératives de consommation.

III. — L'épargne. Caisses d'épargne, caisses de retraites, sociétés de secours mutuels. Assurances.

Cités ouvrières. Jardins ouvriers. Habitations à bon marché.

IV, V. — Comptabilité de ménage.

Nota. — Nous le répétons une fois de plus, ces programmes n'ont rien d'absolu ; ils ne sont qu'une indication générale sur le caractère à donner à l'enseignement. Il convient de les adapter à l'endroit et au milieu. Il est bien certain qu'ils ne seront pas interprétés de la même façon pour les jeunes bourgeoises que pour les ouvrières. De plus, dans les campagnes où les travaux agricoles dominent, il est clair qu'ils devront porter sur le jardinage, la basse-cour, la ferme, la laiterie, etc., suivant les programmes suivants :

NOTIONS D'HORTICULTURE.

Création d'un jardin potager : exposition, forme, étendue, distribution, succession de cultures, labours et engrais ; modes de multiplication, de culture et de conservation des légumes les plus utiles ; soins à donner aux porte-graines, récolte et conservation des semences ; connaissance des meilleures espèces d'arbres fruitiers ; quelques plantes d'appartement.

LA FERME ET LA BASSE-COUR.

Entretien de la maison d'habitation, de la laiterie, de l'étable, de la porcherie, du poulailler, etc.

La vacherie, le veau, le lait, la crème, écrémeuse, barattes, le beurre, le beurre frais, salé, fondu, les fromages.

Les brebis, l'agnelage, soins que réclament les mères, les agneaux.

La basse-cour. Incubation naturelle et artificielle ; soins à donner aux poussins des divers oiseaux de la basse-cour : poulets, canetons, oisons, dindonneaux et pintadeaux. Engraissement et vente des produits de la basse-cour. Le poulailler, le couvoir.

Le clapier et les lapins.

Les abeilles et le rucher.

La boulangerie, le pain de ménage, le four.

Enfin, dans les grandes villes où l'on instituera des cours particuliers pour femmes de chambre, cuisinières, infirmières, etc..., les programmes seront naturellement spéciaux et développés en vue des besoins professionnels des élèves.

III. — ŒUVRE DU TROUSSEAU.

Il convient de rechercher et de mettre en œuvre d'une façon systématique et avec le plus grand esprit de suite, les moyens aptes à faire connaître les écoles pratiques de filles dans les milieux intéressés et de s'efforcer de rendre l'enseignement aussi instructif et attrayant que possible. L'esprit d'initiative du personnel doit s'affirmer en mettant à profit toutes les occasions propices à une propagande éclairée auprès des directrices des écoles primaires, des associations professionnelles et des personnalités influentes.

Chaque École d'enseignement ménager doit avoir une association des anciennes élèves et il appartient à la directrice, au personnel en général, de faire en sorte que cette association soit très prospère pour le plus grand bien des élèves elles-mêmes, pour le développement heureux de l'influence de l'école et pour l'amélioration de son recrutement. L'école enfin doit s'affirmer par la qualité de son enseignement et par l'attrait d'œuvres intéressantes. A ce dernier point de vue, nous serons heureux de voir se généraliser des initiatives des plus méritantes, telles que « la Maison ouvrière » et « l'Œuvre du trousseau ».

Nous tenons à insister principalement sur le grand intérêt que présente l'Œuvre du trousseau, grâce aux résultats matériels immédiats qu'elle procure aux bénéficiaires. De ce fait, elle est peut-être, avec la Maison ouvrière en voie de réalisation dans toutes nos écoles, un des plus sûrs moyens d'attirer et de retenir aux écoles pratiques leur véritable clientèle. Nous la jugeons, en tous cas, suffisamment importante pour vous convier à en faire une étude approfondie. C'est dans cette vue que nous croyons devoir vous indiquer ci-après (Annexe II) les grandes lignes d'une telle organisation qui serviront de base à une prochaine discussion.

IV. — PERSONNEL CHARGÉ DE RÉPANDRE L'ENSEIGNEMENT MÉNAGER

Il reste à prévoir le recrutement et la formation du personnel chargé de dispenser l'enseignement ménager.

1° Recrutement du personnel.

Il faut exiger du personnel enseignant dans les cours ménagers des connaissances professionnelles, une compétence pédagogique et une autorité morale qui nous engagent à en assurer le recrutement parmi :

a) Les professeurs d'écoles pratiques et les institutrices des Écoles primaires publiques.

b) Les jeunes filles ou jeunes femmes, ne possédant aucun diplôme, assez intelligentes pour acquérir en quelques mois les connaissances théoriques indispensables à un enseignement ménager méthodique et raisonné et possédant les qualités pratiques d'une bonne mère de famille et d'une maîtresse de maison.

2° Formation du personnel.

Le personnel serait formé à l'École normale de l'Enseignement technique :

a) Mode et âge d'admission. — Les candidates à la section normale d'enseignement ménager devront subir un concours d'entrée. Elles seront admises jusqu'à concurrence du nombre de places fixé chaque année par la Direction de l'Enseignement technique. Elles devront être âgées de dix-neuf ans au moins au moment du concours.

b) Durée des études. — La durée des études sera de six mois.

c) Sanction des études. — Des diplômes seront accordés à la fin des études aux élèves de la section qui auront subi avec succès les épreuves portant sur toutes les matières du programme.

Il pourra être attribué :

1° Un diplôme d'études théoriques et pratiques (degré supérieur) aux candidates pourvues du brevet supérieur de l'Enseignement primaire ou d'un titre équivalent. Les titulaires de ce diplôme seront appelées : *professeurs d'enseignement ménager.*

2° Un diplôme d'études pratiques (degré élémentaire) dont les titulaires seront désignées sous le nom de *professeurs-adjoints d'enseignement ménager.* Le deuxième diplôme permettra l'accès à l'enseignement ménager de femmes qui, tout en n'appartenant pas à l'enseignement public, rempliront les conditions exigées au double point de vue éducatif et professionnel.

d) Régime des études. — Le régime sera l'externat. Des bourses seront accordées aux candidates d'après le taux actuel des bourses de l'École normale.

e) Traitement du personnel. — Les titulaires du diplôme supérieur auront le traitement des professeurs techniques (chef des travaux des Écoles pratiques) et on pourra exiger d'elles trente heures de présence. Si le nombre d'heures de services est supérieur à ces trente heures réglementaires, elles recevront un supplément de traitement, calculé au taux des heures supplémentaires.

Les titulaires du diplôme élémentaire recevront le traitement des professeurs-adjoints.

f) Horaire. — *Programmes* inspirés par les travaux du Congrès d'enseignement ménager tenu à Gand en 1913.

Notions de physiologie	. . . . .	1 heure par semaine
— de sciences appliquées	. . .	2 — —
Hygiène	. . . .	2 — —

Médecine pratique. . . . . 2 heures par semaine
Économie domestique. . . . . . . 1 — —
Cuisine . . . . 10 — —
Blanchissage et nettoyage . . . . . 2 — —
Repassage . . . . 2 — —
Couture et raccommodage, coupe . . . 4 — —
Jardinage et basse-cour . . . . . . 1 — —
Droit usuel . . . . 1 — —
Conférences diverses . . . . 1 — —

29 heures

Programmes.

1° *Physiologie en vue de l'hygiène.* — Fonctions de nutrition : Digestion et absorption. Circulation. Respiration. Sécrétion. — Fonctions de relation : Squelette. Muscles. Système nerveux. Organes des sens et voix.

2° *Notions de sciences appliquées à la vie domestique.* — Matières alimentaires : Aliments minéraux (eau, sel, phosphates, fer, etc.). Hydrates de carbone (féculent, sucres). Corps gras (huiles, graisses, beurre). Albuminoïdes (viande, lait, sang, pâtes alimentaires, etc.). Aliments d'épargne (alcool, café, thé, cacao, etc.). Aliments complets (pain, œuf, lait). — Fermentations : vinaigre, boissons fermentées. — Conserves alimentaires. — Matériaux de construction. Chauffage et éclairage. Entretien des métaux. Lessive, nettoyage des taches. Teinture. Antiseptiques, désinfectants et antiputrides. Engrais.

3° *Hygiène.* — Hygiène privée : a) Hygiène de l'alimentation. Choix, quantités, menus, régimes suivant les âges et les professions. — b) Soins corporels : Ablutions, bains, douches. Soins de toilette. Gymnastique, massages, sports. — c) Le vêtement : Conditions hygiéniques. Ceinture. Corset. Jarretières. Coiffure. Cravate. Chemise. Flanelle. Robes. Chaussures. Gants. Lit. — d) L'habitation : Emplacement. Construction. Aération, ventilation. Hygiène du chauffage. Hygiène de l'éclairage. Mobilier. Évacuation des ordures ménagères (éviers et poubelles). Water-closet, le tout-à-l'égout.

Hygiène publique : a) Population. Natalité. Mortalité. — Maladies infectieuses et contagieuses (tuberculose, alcoolisme, etc.). Désinfection. Lois relatives à la protection de la santé publique. — L'eau : Choix et distribution de l'eau dans les villes. Assainissement central des eaux. Filtrage et purification.

Hygiène scolaire : Myopie, etc. Déformation de la colonne vertébrale, etc.

Hygiène professionnelle : Troubles résultant de certaines professions (saturnisme, carie des os, phtisie). Déformations et attitudes vicieuses professionnelles. Sécurité des travailleurs dans les établissements industriels.

4° *La médecine au foyer.* — Hygiène de la première enfance : *a*) Soins à donner au nouveau-né. Propreté. Vêtement et habillement. Allaitement maternel. Allaitement par nourrice. Allaitement artificiel. Quantité de lait. Pesée. Loi d'accroissement pendant la première année. Allaitement mixte et sevrage. Sommeil, veille, exercice.

Pathologie des adultes : *a*) Soins à donner en cas d'accident (blessures, empoisonnements, etc.). Soins à donner aux malades. Rôle de la garde-malade, son hygiène. Moyens préventifs contre certaines maladies évitables. — *Nota* : Ces deux parties du programme donnent lieu à des applications pratiques faites dans des établissements spéciaux (hôpital, crèche, goutte de lait).

Hygiène spéciale à la femme et à la mère.

5° *Économie domestique.* — Administration du ménage : *a*) Qualités indispensables à la ménagère. Ordre. Économie (les achats, crédit). Prévoyance. L'art au foyer. La mode. — *b*) Influence de la femme dans la famille : sur les enfants ; sur son mari ; sur les domestiques. — *c*) Savoir vivre. — *d*) Budget. Comptabilité du ménage.

Cours pratiques : *a*) Cuisine. Approvisionnements. Préparation des aliments. Organisation des repas. — *b*) Coupe et confection de la layette, du trousseau. — *c*) Raccommodage. Entretien du linge et des vêtements. — *d*) Blanchissage et repassage. La lessive. Nettoyage des vêtements, de l'habitation. — *e*) La basse-cour et le jardin.

6° *Installation matérielle d'une école ménagère.*

7° *Droit usuel.* — Éléments applicables à la vie de famille :

1. Actes de l'état-civil.

2. Droits reconnus aux personnes.

3. Le mariage : Ses effets. Conventions matrimoniales. Puissance paternelle. Minorité, tutelle. Émancipation, majorité. Succession. Testaments.

4. Contrats. Location. Hypothèques. Baux à loyers. Obligations et droits des parties.

5. Éléments de législation industrielle.

8° *Économie sociale.* — Éléments applicables à la vie usuelle :

1. Travail des enfants et des femmes dans l'industrie.

2. Associations ouvrières. Syndicats. Grèves.

3. La consommation : *a*) Dépense. Sociétés coopératives de consommation. — *b*) L'épargne. Caisses d'épargne. Caisses de retraite. Sociétés de secours mutuels. Assurances (vie, incendie, grêle). — *c*) Cités

ouvrières. Maisons ouvrières. Jardins ouvriers. Logements à bon marché.

a) Sanctions. — L'examen comprendrait, pour le degré supérieur, une épreuve écrite, des épreuves pratiques et une épreuve orale.

L'épreuve écrite comporterait deux questions sur l'hygiène et l'économie domestique.

Il pourrait être ajouté des épreuves portant sur l'horticulture, la laiterie, les soins que réclament la ferme, la basse-cour et, en cas de réussite, le diplôme porterait « avec mention d'enseignement ménager agricole ».

En ce qui concerne les épreuves pratiques, les aspirantes feraient comme en Belgique :

1° Un travail de nettoyage ;

2° Le lavage d'un ou plusieurs objets (linge ou vêtement) ;

3° Le repassage de quatre ou cinq objets : linge plat simple, non amidonné, linge simple amidonné, linge double non empesé, linge double empesé, vêtement ;

4° Le raccommodage ou rapiéçage d'un vêtement quelconque ou d'un objet de lingerie ;

5° Comme épreuve culinaire, la préparation d'un menu pour famille ouvrière ou de petite bourgeoisie, avec établissement du prix de revient.

L'épreuve orale consisterait en une leçon faite pour chaque aspirante.

L'examen comprendrait pour le degré élémentaire :

1° Les épreuves pratiques et orales mentionnées précédemment ;

2° Une épreuve écrite dans laquelle l'aspirante expliquerait une des épreuves pratiques qui lui seraient présentées.

PROJET D'ECOLE MÉNAGÈRE

CUISINE.

A. Estrade.
B. Tables.
C. Cuisinières.
D. Buffet.
E. Porte-casseroles.
F. Réchauds à gaz.
G. Évier.

SALLE A MANGER.

A. Tables.
B. Buffet.
C. Chaises.

OFFICE.

A. Table.
B. Armoire.

RELAVERIE.

A. Table.
B. Evier.
C. Armoire.

REPASSERIE.

A. Réchauds fers.
B. Tables.
C. Tabourets.
D. Feu.
E. Armoires.
F. Portemanteaux.

BUANDERIE.

A. Bacs.
B. Lessiveuses.
C. Bassin central.
D. Cuve.
E. Essoreuse.

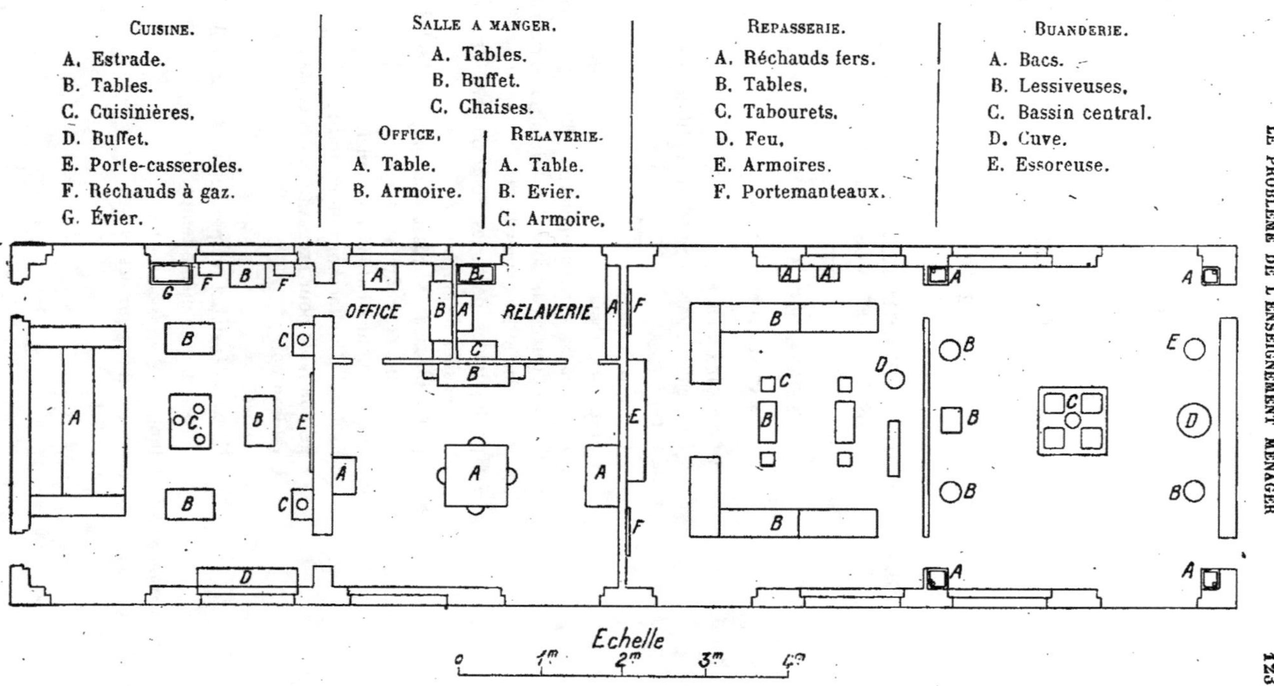

ANNEXES

ANNEXE I

ÉCOLE PRATIQUE DE COMMERCE ET D'INDUSTRIE POUR LES JEUNES FILLES

ENSEIGNEMENT MÉNAGER

MATÉRIEL ET MOBILIER.

Cuisine :

2 fourneaux à charbon 85 × 50 ;

2 fourneaux à gaz 55 × 30 avec rôtissoire ;

 Ou bien :

1 fourneau à charbon ;

3 fourneaux à gaz ;

3 éviers 55 × 40 avec égouttoirs 60 × 40 et robinet d'eau (placards sous les éviers pour remiser les bassins et les ustensiles) ;

4 petites tables dessertes 80 × 50 avec tiroirs pour ustensiles de cuisine ;

4 petits placards vitrés au-dessus des tables (pour vaisselle et produits : sels, etc.) ;

2 étagères pour 4 batteries de cuisine ;

 Séchoirs pour torchons de cuisine ;

1 grande table pour préparation des repas ;

1 tableau noir ;

6 chaises.

 NOTA. — Installation permettant à 4 ou 6 élèves de travailler en même temps.

Salle à manger :

1 table ronde à 6 places ;

1 petite table pour desservir ;

1 buffet ;

8 chaises.

Office :   Armoires ;
                     Étagères ;
                  1 table ;
                     Boîte et corbeilles à pain ;
                     Échelle de cuisine.

Cave :   Garde-manger ;
                     Caisses pour obtenir des provisions.

Buanderie :   1 lessiveuse à eau coulante ;
                   1 lessiveuse à vapeur d'eau ;
                   1 essoreuse ; 2 bassins en zinc ;
                   6 cuves (long. 70 ; larg. 50 ; prof. 45 — surélevées
                        de 45 cm.) ;
                     Planchettes mobiles pour savonner ;
                   6 planchettes fixes pour poser les produits ;
                   6 chevalets pour égoutter le linge ;
                   1 petite armoire pour les produits ; seaux et brocs.
                     Installer un séchoir qui pourrait être placé sous un
                        hangar derrière la maison ouvrière. Conduit pour
                        écoulement de l'eau répandue.

Repassage :   6 tables 2 m. 75 (hauteur spéciale) avec tiroirs ;
                   6 armoires avec portes à coulisses et tablettes (divi-
                        sées en compartiments) ;
                   2 planches à repasser sur tréteaux ;
                   1 fourneau à charbon et 2 à gaz (pour chauffer au
                        moins 18 fers ; grilles pour fers ; fers à tuyauter ;
                  36 fers à repasser ; 6 fers spéciaux pour glaçage du
                        linge, sifrans, etc., corbeilles, coques (série de
                        6 tailles différentes) ;
                   6 couvertures de laine ; 6 couvertures toile coton ; .
                   6 chaises.

    Après passage à l'essoreuse, il n'y a pas d'eau répandue. On pourrait
prévoir l'installation d'un séchoir de plafond dans la salle de repassage,
si c'était nécessaire.

Atelier de couture : Tables bergères (70 cm. par élève) ;
                     —   4 places (70 cm. par élève) ;
                     —   2,80 × 0,80 ; 4 tiroirs de chaque côté ;
                  1 grande table de coupe pour jupes 2 × 1,20 (70 cm.
                        par élève) ;
                  1 table de coupe pour corsages 2,50 × 0,80 (planches
                        sur tréteaux) ;

2 tables pour repassage 1,50 × 0,60 ;

2 armoires (portes à coulisses) 50 cm. de profondeur, dont 2 avec tiroirs :

1 bureau pour chef d'atelier ;

2 tableaux noirs avec estrade ;

2 planches à repasser ;

Mannequins et corbeilles. Matériel de repassage : couvertures et planches, sifran, jeannette, bois rond.

2 fourneaux à gaz : 12 fers ordinaires ; 6 fers de 5 kg. ;

4 machines à coudre.

Bibliothèque :

Bibliothèque ;

Vitrines pour collections ;

Grande table ;

12 chaises.

ŒUVRE DU TROUSSEAU

Fondée sous les auspices de la Municipalité de X...

STATUTS

But de l'Œuvre. — Admissions. — Cotisations.

ARTICLE PREMIER. — Il est créé entre les jeunes filles appartenant ou ayant appartenu aux écoles de X... une Société de prévoyance pratique dénommée :

« Œuvre du Trousseau ».

ART. II. — L'Œuvre du trousseau a pour but d'exciter et d'entretenir l'amour du foyer domestique en recherchant les moyens de fournir à ses membres participants les ressources indispensables à la confection d'un trousseau.

ART. III. — L'œuvre se compose de membres auxiliaires et de membres participants.

a) Pour être membre auxiliaire, il faut prendre l'engagement de faire connaître l'œuvre, de lui attirer les sympathies, de s'intéresser à son développement et d'en suivre les progrès par de fréquentes visites hebdomadaires.

b) Pour être membre participant, il faut être âgé de treize ans au moins et verser régulièrement la cotisation stipulée plus loin.

c) Les membres participants ne pourront être admis que sur l'autorisation écrite de leur père, de leur mère ou de leur tuteur légal.

ART. IV. — Les ressources nécessaires à la confection des trousseaux seront fournies :

1° Par les dons et par le travail des membres auxiliaires ;
2° Par les cotisations mensuelles des membres participants ;
3° Par des bons de trousseau pris sur la caisse de l'École pratique.

ART. V. — Les versements seront faits le premier jeudi de chaque mois ou chaque semaine au début de la séance de travail.

La cotisation mensuelle est due pendant toute la durée du sociétariat, c'est-à-dire de l'âge de treize ans jusqu'à dix-huit ans inclus.

La jeune fille entrant après l'âge de treize ans pourra, en payant un supplément mensuel, avoir son trousseau complet.

Tout retard dans les versements devra être justifié; il sera alors accordé à la sociétaire toutes les facilités pour acquitter les cotisations arriérées.

En cas de non-justification des retards dans les versements *pendant une année*, la partie du trousseau confectionnée deviendra la propriété de l'Œuvre pendant cette année.

Art. VI. — Des pièces de trousseau ou objets confectionnés seront donnés à titre de récompense ou d'encouragement. Il sera tenu un registre destiné à l'inscription des récompenses allouées; bons de trousseau, pièces confectionnées.

Art. VII. — Les jeunes filles qui ont des loisirs pourront les consacrer à la confection soit de leur trousseau, soit de celui de leurs compagnes empêchées.

Les élèves de l'Ecole pratique seront associées à titre de récompense à ce travail d'aide mutuelle.

Art. VIII. — Les dons en nature offerts aux jeunes filles et les acquisitions qu'elles feront elles-mêmes, en dehors de l'association, peuvent être mises en dépôt au siège de l'œuvre, considéré comme Caisse d'Epargne du trousseau.

Art. IX. — Le trousseau sera remis à la jeune fille à l'âge de dix-huit ans accomplis, ou le jour de son mariage, s'il avait lieu avant.

Toutefois, la jeune fille qui le désirerait pourrait laisser son trousseau en dépôt à l'école.

Art. X. — La jeune fille qui ne continuerait pas son trousseau, soit pendant, soit après la scolarité, ne rentrera pas en possession du montant de ses cotisations en nature, quel que soit son âge à l'époque de la cessation, sauf pour les motifs indiqués aux articles XI, XII, XIII.

Art. XI. — Si, par suite de déménagement, la jeune fille s'éloignait de la ville, elle n'en continuerait pas moins à faire partie de l'œuvre, à la condition de payer ses cotisations et de participer au travail de confection des objets du trousseau soit pour elle-même, soit pour ses compagnes. Dans le cas contraire, remise lui sera faite de son trousseau, jusqu'à concurrence de la somme versée.

Art. XII. — Dans le cas où une jeune fille, pour une cause d'infortune (gêne momentanée, maladie), cesserait ses paiements, elle serait obligée d'en faire la déclaration à la Directrice de l'œuvre et d'en indiquer le motif. Passé trois mois sans avertissement, les pièces de trousseau confectionnées deviendront la propriété de l'Œuvre.

ART. XIII. — En cas de décès d'une sociétaire, les parents seront mis en possession de ce qui appartient à la sociétaire au moment de son décès. Ce remboursement sera toujours fait en nature.

ART. XIV. — L'Œuvre prendra toutes les précautions possibles, mais décline toute responsabilité contre le vol et s'assurera contre l'incendie.

ART. XV. — Les objets de lingerie confectionnés pourront être garnis de broderies, dentelles au crochet, aux fuseaux, etc. Mais ces garnitures seront fournies par les élèves ou exécutées par elles.

ART. XVI. — Tous les membres de l'Œuvre du trousseau se réuniront une fois par an, dans le courant de janvier.

L'assemblée générale est organisée par la Directrice de l'Œuvre ou, à son défaut, par une personne désignée par elle. — L'assemblée statue souverainement, quel que soit le nombre des membres présents. Elle examine les comptes de fin d'année.

Au cours de cette assemblée, il sera rendu un compte financier de l'œuvre.

L'assemblée générale annuelle sera suivie d'un concert au bénéfice de l'Œuvre et destiné à resserrer les liens qui doivent unir ses membres et montrer le côté moral et prévoyant de l'Association.

ART. XVII. — L'œuvre est administrée par un comité directeur composé de :

1° De présidentes d'honneur ;

2° Une présidente ;

3° Une vice-présidente ;

4° Une Secrétaire-trésorière ;

5° Deux secrétaires adjointes ;

6° Deux agents comptables des trousseaux ;

7° Quatre surveillantes de couture ;

8° Un contrôleur délégué par la municipalité ;

9° La directrice de l'École pratique ;

10° Un comité consultatif comprenant les Dames du comité de perfectionnement de l'École pratique et Mesdames les Directrices d'école primaire.

Les membres du comité sont toujours rééligibles.

ART. XVIII. — La directrice de l'École pratique aura la surveillance générale de tous les travaux. Son contrôle, avec celui des présidentes s'étendra sur l'ensemble des actes de l'association. Elle pourra se faire suppléer pour exercice de son droit de surveillance ou de contrôle par une ou plusieurs personnes spécialement désignées par elle.

Art. XIX. — La dissolution de l'OEuvre ne pourra être prononcée que sur l'avis du Comité Directeur. En ce cas, les parents entreront en possession des articles du trousseau revenant à leur enfant proportionnellement aux cotisations versées.

Art. XX. — Un règlement d'administration établi par la Directrice de l'OEuvre déterminera les jours de travail, les fonctions de chacun des membres du comité et réglera d'une manière générale toutes les questions intéressant le fonctionnement normal de l'OEuvre.

Art. XXI. — La Directrice de l'OEuvre fera connaître à Monsieur le Maire de X... les changements survenus dans la composition du bureau et, chaque année, elle lui adressera un compte rendu sur la situation financière de la Société.

Nul ne peut assister aux réunions, s'il n'a été reçu membre dans la forme prévue par les statuts.

Art. XXII. — Toute sociétaire dont la conduite pourrait porter atteinte à la bonne tenue et à l'honorabilité des membres de l'OEuvre sera exclue de l'association après décision prise par les membres du comité. Elle ne pourra entrer en possession de ce qu'elle aura confectionné.

Composition du trousseau.

1° 12 torchons ;
2° 6 serviettes de toilette ;
3° 6 essuie-mains ;
4° 6 serviettes de table ;
5° 12 mouchoirs simples. — 3 mouchoirs fantaisie ;
6° 4 taies d'oreiller ;
7° 3 jupons ;
8° 2 chemises de nuit ;
9° 4 pantalons ;
10° 6 chemises simples ;
11° 3 chemises garnies ;
12° 2 paires de drap de toile, 3,25 m. × 2]m.

RÈGLEMENT

1. — Les sociétaires non élèves de l'École pratique se réuniront tous les jeudis de 8 h. 1/2 à 11 h. 1/2 et de 2 heures à 4 h. 1/2, à l'École de Cou-

ture. Les jeunes filles peuvent assister à l'une ou à l'autre des séances du jeudi ou aux deux.

II. — Pour celles qui, retenues par des occupations journalières, ne pourraient assister aux séances du jeudi, l'école sera ouverte le lundi et le mardi, de 6 à 8 heures du soir.

III. — Les cotisations seront perçues chaque semaine et inscrites sur le livret individuel et sur un registre spécial.

IV. — Les cotisations s'élèveront à 0 fr. 25 par semaine plus 1 fr. en juillet et en janvier pour les jeunes filles au-dessous de quinze ans.

Elle seront de 0 fr. 50 par semaine plus 2 francs en juillet et en janvier à partir de quinze ans.

V. — Un livret individuel sera remis aux jeunes filles qui en feront la demande moyennant 0 fr. 50.

VI. — Les bons de trousseau pris sur les fonds de l'École de Couture, consisteront en bons de la valeur de la cotisation d'une semaine, d'une quinzaine ou d'un mois et seront donnés en récompense aux plus travailleuses ou à des sociétaires se trouvant momentanément dans la gêne.

VII. — L'œuvre du trousseau fonctionnera pendant les grandes vacances.

DÉCRET

portant règlement d'administration publique pour la fixation
des conditions d'application

DE LA

TAXE D'APPRENTISSAGE

instituée par l'article 25 de la loi de finances du 13 juillet 1925.

Paris, le 9 janvier 1926.

MONSIEUR LE PRÉSIDENT,

L'article 25 de la loi de finances du 13 juillet 1925, qui crée une taxe d'apprentissage, prévoit qu'un règlement d'administration publique devra intervenir pour fixer les modalités d'applications de cette nouvelle contribution.

Le législateur a spécifié que cette taxe ne serait pas établie dans les conditions ordinaires de la réglementation fiscale. Si le service de recouvrement de la taxe doit demeurer le même qu'en matière de contributions directes et taxes assimilées, une innovation profonde est apportée dans le service de l'assiette. C'est, en effet, au comité départemental de l'enseignement technique, institué par la loi du 25 juillet 1919, qu'est dévolu le soin d'établir les états matrices de la taxe dont il s'agit et de fixer annuellement, pour chacun des assujettis, le montant de son imposition.

En faisant intervenir ainsi le comité départemental de l'enseignement technique dans l'application de la taxe d'apprentissage, le législateur a tenu à montrer le caractère spécial de cette contribution, dont le produit doit servir exclusivement à des dépenses en faveur de l'enseignement technique et de l'apprentissage, ainsi qu'au développement des laboratoires scientifiques.

Le souci d'exonérer les assujettis qui auraient déjà consenti à assumer les charges d'œuvres d'enseignement technique et d'apprentissage devait entraîner une procédure complexe dans l'application de la taxe. Pour chaque cas particulier, le calcul de l'imposition allait se faire à l'aide d'un élément certain, formé par les déclarations des chefs d'entreprises, du montant des salaires, traitements et rétributions quelconques, payés au cours de l'année précédente, et aussi, en tenant compte d'un élément à caractère contingent, constitué par les demandes d'exonérations qui pourraient se produire dans un certain nombre de cas limitativement énumérés par la loi.

Le premier élément est destiné à faire ressortir la taxe brute ; aucune difficulté n'apparaît pour arriver à révéler cet élément : les assujettis seront astreints à faire une déclaration des salaires, traitements et rétributions quelconques, analogue à celle prévue par l'article 26 de la loi du 31 juillet 1917, complété par l'article 6 de la loi de finances de 1925. Cette déclaration sera l'élément de base des états matrices.

Le deuxième élément n'interviendra que si l'assujetti a déjà effectué des dépenses pour l'enseignement technique et l'apprentissage, et qu'il entend s'en prévaloir ; ces dépenses viendraient en déduction de la taxe d'apprentissage, permettant de chiffrer la véritable imposition du contribuable, c'est-à-dire la taxe nette.

Le législateur ne pouvait se contenter de l'affirmation des assujettis, qui demandaient décharge de la taxe. Si l'on ne voulait organiser « l'évasion » de la taxe d'apprentissage, il convenait d'instituer un contrôle sévère des faits allégués à l'appui des demandes d'exonération.

Un seul organisme était apte à exercer ce contrôle, c'était le comité départemental de l'enseignement technique, assemblée qui, en conformité de la loi du 25 juillet 1919, centralise toutes les questions relatives aux écoles et aux cours professionnels du département, qui s'occupe du développement de l'enseignement technique et possède l'expérience des choses de cet enseignement, puisque l'administration ne traite aucune affaire sans que le comité n'ait été invité à formuler son avis.

Si le comité départemental apparaissait compétent pour être le juge des exonérations et établir la taxe nette pour chaque contribuable, il se trouvait démuni de tous moyens de réunir les éléments d'appréciation nécessaires. Cette assemblée a été, en effet, jusqu'alors une assemblée purement consultative, n'ayant pas de budget, ne disposant d'aucun service. Pour que le comité pût jouer son rôle, il importait donc de désigner les autorités administratives qui allaient être chargées de réunir les éléments d'information, de procéder à l'instruction des demandes d'exonération. C'est dans ce but que le projet a prévu l'intervention de l'enseignement technique, de l'inspection du travail, pour l'application de la taxe d'apprentissage.

Les autres dispositions du projet sont inspirées, d'une part, par la nécessité de procurer aux agents chargés de l'instruction des demandes,

des moyens d'information qui les mettent à même de se rendre compte de la matérialité des faits déclarés ; d'autre part, par le désir d'accorder toutes facilités aux contribuables pour effectuer le dépôt de leurs déclarations ; pour les guider, le cas échéant, dans l'énumération des charges relatives à l'enseignement technique et à l'apprentissage, qu'ils supportent et qui sont susceptibles d'ouvrir un droit à l'exonération. Enfin, le projet s'est efforcé de donner aux assujettis toute latitude dans le choix des moyens pour faire la preuve devant le comité départemental de l'enseignement technique comme devant la commission permanente du conseil supérieur jugeant en appel des faits qu'ils invoquent.

Tels sont les principes qui ont présidé à l'élaboration du projet de règlement que nous avons l'honneur, après avoir recueilli l'avis du conseil d'Etat, de soumettre à votre haute sanction.

Veuillez agréer, Monsieur le Président, l'assurance de notre respectueux dévouement.

Le Ministre de l'Instruction Publique et des Beaux-Arts,

DALADIER.

Le Ministre des Finances,

PAUL DOUMER.

Le Président de la République française,

Sur le rapport du Ministre de l'Instruction Publique et des Beaux-Arts et du Ministre des Finances,

Vu l'article 25 de la loi de finances du 13 juillet 1925, ainsi conçu :

« ART. 25. — Toute personne ou société exerçant une profession industrielle ou commerciale ou se livrant à l'exploitation minière, ou concessionnaire d'un service public, est assujettie à une taxe dite taxe d'apprentissage, dont le produit inscrit au budget de l'Etat contribue aux dépenses nécessaires au développement de l'enseignement technique et de l'apprentissage ainsi qu'à celles des laboratoires scientifiques.

« Le produit de cette taxe est affecté à l'extension des écoles de métiers, des écoles pratiques de commerce et d'industrie, des écoles professionnelles nationales, des cours professionnels ou de toutes autres œuvres ayant pour objet la rénovation de l'apprentissage ou la préparation des enfants à une profession commerciale ou industrielle, ainsi qu'au fonctionnement ou au développement des laboratoires de sciences pures et appliquées.

« Sont notamment comprises dans les dépenses ci-dessus les bourses d'apprentissage et l'allocation de primes aux petits employeurs qui forment des apprentis.

« Le taux de la taxe d'apprentissage est fixé chaque année dans la loi de finances, en prenant pour base le montant total des appointements, salaires, rétributions quelconques, payés pendant l'année précédente par le chef d'entreprise.

« Ne seront pas considérées comme chef d'entreprise, aux termes du présent article et ne seront pas soumises à la taxe, les personnes énumérées à l'article 10 de la loi du 30 juin 1923 qui ne sont pas assujetties à l'impôt sur les bénéfices industriels ou commerciaux, ainsi que celles qui, dans l'année, n'auront pas payé en espèces plus de 10.000 fr. de salaires.

« Des exonérations partielles ou totales pourront être, en outre, accordées aux assujettis dans les conditions ci-après, en considération des dispositions prises par eux en vue de favoriser l'enseignement technique et l'apprentissage, soit directement, soit par l'intermédiaire des Chambres Syndicales, des Chambres de Commerce ou de toutes associations consacrant une partie de leurs ressources à ce but. Les exonérations seront accordées par les comités départementaux de l'enseignement technique. Pour les assujettis exerçant leur industrie dans plusieurs départements, l'exonération sera prononcée par le comité départemental du siège social.

« Compteront seuls pour ces exonérations :

« 1° Les frais des cours professionnels et techniques de degrés divers ;

« 2° Les salaires des techniciens qui sont chargés, à l'exclusion de tout autre travail, de la formation et de la direction des apprentis isolés ou en groupe dans la limite maximum d'un technicien pour dix apprentis ;

« 3° Les salaires payés aux apprentis ;

« a), Pendant les dix premiers mois de l'apprentissage, lorsqu'ils sont soumis à un programme d'apprentissage méthodique ;

« b) Pour les heures de présence aux cours professionnels ;

« 4° Les subventions aux écoles, bourses ou allocations d'études ;

« 5° Les frais des œuvres complémentaires de l'enseignement technique et de l'apprentissage.

« Les dépenses des œuvres et écoles seront soumises au contrôle de l'inspection de l'enseignement technique et des comités départementaux.

« La taxe est due au 1er janvier pour l'année entière. Elle est établie et recouvrée, les réclamations sont instruites et jugées comme en matière de contributions directes.

« Les états matrices sont dressés annuellement par les comités départementaux de l'enseignement technique, d'après les renseignements qui leur sont fournis par les chefs d'entreprise.

« Les rôles sont établis par l'administration des contributions directes.

« Dans le cas où ces déclarations seraient reconnues inexactes, les chefs d'entreprise seront tenus de verser, en sus des droits régulièrement dus, le double droit sur la partie omise.

« Lorsque le chef d'établissement n'aura pas fait de déclaration, il sera imposé d'office et ne pourra bénéficier d'aucune exonération.

« Pour l'examen des exonérations, le Comité départemental de l'enseignement technique prendra l'avis des représentants dûment qualifiés qui demanderont à être entendus par lui. Toutes ses décisions sont susceptibles d'appel devant la Commission permanente du Conseil supérieur de l'enseignement technique qui statue en dernier ressort.

« Un règlement d'administration publique fixera les conditions d'application des présentes dispositions qui entreront en vigueur à dater du 1er janvier 1925 (1). »

Vu la loi du 25 juillet 1919 sur l'enseignement technique, industriel et commercial ;

Vu l'avis du Ministre du Travail ;

Vu l'avis de la Commission permanente du Conseil supérieur de l'enseignement technique ;

Le Conseil d'Etat entendu,

Décrète :

CHAPITRE Ier

DES DÉCLARATIONS ET DES DEMANDES D'EXONÉRATION.

ART. 1er. — Avant le 1er mars de chaque année, le chef d'entreprise assujetti à la taxe adressé au préfet du département où est situé le siège social de son entreprise une déclaration globale, établie en double exemplaire et contenant les indications suivantes :

1o Ses nom, prénoms et, le cas échéant, la raison sociale de l'entreprise, la nature de l'entreprise, le siège social, le lieu où est situé l'établissement, et, s'il y a lieu, celui de chacun des établissements exploités par l'entreprise ;

(1) *L'article 7 de la loi de Finances* du 29 avril 1926 a ainsi modifié et complété cet article :
« Le paragraphe 13 de l'article 25 de la loi de Finances du 13 juillet 1925 est modifié comme suit :
« Lorsque le chef d'établissement n'aura pas fait de déclaration, il sera imposé d'office, après une mise en demeure restée infructueuse et il ne pourra bénéficier d'aucune exonération. En outre, ce chef d'établissement sera soumis à l'imposition du double droit.
« L'article 25 de la loi du 13 juillet 1925 est complété comme suit :
« Les dispositions de l'article 54 de la loi du 13 juillet 1917 sont applicables à la présente loi. »

2° Le montant total des appointements, salaires, rétributions quelconques, payés l'année précédente.

Lorsque l'entreprise comprend des établissements situés dans des départements autres que celui du siège social, il est annexé à la déclaration un état dressé pour chacun des départements où sont situés ces établissements et contenant pour chacun de ces derniers les indications prévues au précédent paragraphe.

Art. 2. — S'il y a lieu, l'assujetti joint à sa déclaration une demande d'exonération partielle ou totale de la taxe, en raison des dépenses qu'il a effectuées, au cours de l'année précédente, en vue de favoriser l'enseignement technique et l'apprentissage.

Il indique dans cette demande :

1° Le nombre des ouvriers et employés âgés de plus de dix-huit ans ;

2° Le nombre des ouvriers et employés âgés de moins de dix-huit ans ;

3° Le nombre des apprentis. Sont considérés comme apprentis pour l'application de la loi du 13 juillet 1925, les jeunes gens, jeunes femmes et filles, sans distinction de nationalité, âgés de moins de dix-huit ans, munis d'un contrat d'apprentissage et, à défaut, occupés dans le commerce ou l'industrie en vue d'une formation professionnelle méthodique et complète ;

4° S'il y a lieu, les conditions dans lesquelles l'assujetti assure l'apprentissage de son personnel et organise, pour lui, l'enseignement technique, avec l'énumération des charges qu'il supporte du fait de l'apprentissage et de l'enseignement technique et qui rentrent dans une des catégories suivantes :

a) Les frais de premier établissement et de fonctionnement des cours professionnels et techniques de degrés divers, lorsque ces cours sont reconnus suffisants, après avis de la commission locale professionnelle dans les conditions prévues par la loi du 25 juillet 1919 ou après avis de l'inspection de l'enseignement technique.

Les frais de premier établissement ne comprennent que ceux qui ont été assumés depuis la promulgation de la loi de finances du 13 juillet 1925 ;

b) Les salaires des techniciens qui sont chargés, à l'exclusion de tout autre travail, de la formation et de la direction des apprentis isolés ou en groupe, dans la limite maximum d'un technicien pour dix apprentis ;

c) Les salaires payés aux apprentis, pendant les dix premiers mois de l'apprentissage, lorsqu'ils sont soumis à un programme d'apprentissage méthodique complet, pendant toute la durée de l'apprentissage ainsi que les salaires payés pour les heures de présence aux cours professionnels, contrôlées par l'usage du livret prévu à l'article 45 de la loi du 25 juillet 1919 ;

d) Les subventions en espèces ou en nature aux écoles techniques, publiques ou reconnues par l'Etat, ou aux écoles dont l'enseignement aura été reconnu suffisant par l'inspection générale de l'enseignement technique après consultation, s'il y a lieu, de l'administration publique plus spécialement intéressée ; les bourses et allocations d'études dans lesdites écoles, avec le nom et l'adresse des bénéficiaires, ainsi que toutes indications sur l'utilisation de ces sommes ;

e) La participation aux frais des œuvres complémentaires de l'enseignement technique et de l'apprentissage, la nature desdites œuvres et toutes indications utiles s'y rapportant ;

f) Les subventions pour le développement et le fonctionnement des laboratoires de sciences pures et appliquées ;

5° S'il y a lieu, le montant des subventions, allocations, cotisations, centimes additionnels à l'imposition des patentes, ou autres contributions spéciales versées à des groupements professionnels ou bien à des chambres de commerce, ainsi qu'à toute personne morale publique ou privée, à titre de participation dans les dépenses relatives à l'apprentissage ou à l'enseignement technique, comprises dans l'énumération qui figure aux paragraphes précédents.

ART. 3. — Les déclarations et les demandes d'exonération sont signées, soit par l'assujetti lui-même, soit par un mandataire, en vertu d'une procuration, soit, s'il s'agit d'une société, par ses représentants légaux ou leur mandataire.

ART. 4. — Le préfet délivre récépissé de la déclaration et de la demande d'exonération.

ART. 5. — Tout assujetti qui cesse d'être soumis à la taxe comme se trouvant dans un des cas d'exception prévus par le paragraphe 5 de l'article 25 de la loi, doit en faire la déclaration au préfet avant le 1er mars de chaque année.

CHAPITRE II

CONTRÔLE DES DÉCLARATIONS ET EXAMEN DES DEMANDES D'EXONÉRATION.

ART. 6. — Le préfet, président du Comité départemental, fait procéder au contrôle des déclarations qui lui sont parvenues avant l'expiration du délai fixé par l'article 1er du présent décret.

Il transmet aux préfets des départements intéressés les déclarations qui concernent des établissements situés dans d'autres départements. Ces déclarations sont retournées avant le 20 mai avec les propositions du préfet qui a procédé au contrôle.

Art. 7. — Lorsque l'instruction fait ressortir que la déclaration comporte des rectifications, le préfet en avise l'assujetti et lui impartit un délai de dix jours pour présenter, avec toutes justifications utiles, des observations écrites ou orales.

Art. 8. — Le préfet fait rechercher, en vue de la taxation d'office, les entreprises assujetties à la taxe, pour lesquelles il n'a pas été souscrit de déclaration.

Art. 9. — Le préfet soumet les demandes d'exonération qui lui sont parvenues dans le délai fixé à l'article 1er du présent décret au comité départemental de l'enseignement technique.

Celui-ci examine le bien fondé de la demande, tant au point de vue de la réalité de la dépense qu'à celui de l'utilisation qui lui a été donnée et il fixe le montant de l'exonération.

Art. 10. — Les assujettis devront, lorsque la demande en sera faite par le comité départemental, fournir la preuve des charges qu'ils ont déclaré supporter et produire toutes justifications nécessaires.

Art. 11. — En vue d'apprécier si, par leur caractère et leur utilisation, les dépenses dont il est fait état par le chef d'entreprise justifient une exonération, il sera procédé, sur la demande du comité départemental à des enquêtes soit par des inspecteurs de l'enseignement technique, soit par des inspecteurs du travail ou des ingénieurs des mines, soit par des délégués désignés sur la proposition du comité départemental de l'enseignement technique par le ministre chargé de l'enseignement technique.

Ces inspecteurs ou délégués vérifieront les conditions dans lesquelles l'apprentissage est réalisé à l'atelier ; ils auront le droit de prendre connaissance sur place des livres ou feuilles de paye constatant les salaires ou traitements payés aux techniciens chargés de la formation des apprentis, ainsi qu'aux apprentis eux-mêmes. Ils auront la faculté de visiter les cours et écoles d'enseignement technique ainsi que les laboratoires, de demander communication des budgets des cours ou des écoles, de se rendre compte de l'utilisation des dépenses, réellement effectuées.

Art. 12. — Lorsque le Comité départemental contestera le bien fondé de la demande d'exonération, il devra en aviser l'intéressé qui pourra, dans un délai de dix jours, demander à être entendu par lui ou à présenter, par écrit, des explications complémentaires.

Art. 13. — La décision par laquelle le Comité départemental aura rejeté, soit totalement, soit partiellement, la demande d'exonération sera notifiée par le préfet à l'intéressé. Celui-ci pourra, conformément au paragraphe 12 de l'article 25 de la loi, faire appel, dans le délai de quinze jours de la notification, auprès de la Commission permanente du Conseil supérieur de l'enseignement technique. Il devra adresser un mémoire contenant tous moyens à l'appui de son pourvoi et indiquer s'il demande à être entendu par la commission.

La Commission statuera, après avoir entendu, à la date fixée par elle, l'intéressé qui en aurait fait la demande. Ses décisions doivent être motivées. Elles sont notifiées par l'intermédiaire du préfet.

Art. 14. — Le préfet, président du Comité départemental, pourra dans les mêmes conditions, faire appel des décisions du comité départemental statuant sur les demandes d'exonération.

Art. 15. — Le pourvoi formé devant la Commission permanente du conseil supérieur n'est pas suspensif.

CHAPITRE III

ÉTABLISSEMENT DES ÉTATS MATRICIELS.

Art. 16. — Le Comité départemental de l'enseignement technique est convoqué obligatoirement chaque année, avant le 1er juin, en session extraordinaire, en vue de l'établissement des états matriciels ;

Le Comité départemental s'adjoindra pour cette session des représentants dûment qualifiés des professions intéressées. Le préfet appellera à cet effet des délégués, en nombre égal, des groupements professionnels patronaux et ouvriers ; s'il n'existe pas dans le département de groupements professionnels, il appellera des personnes désignées, d'une part par les chambres de commerce, d'autre part, par les conseils de prud'hommes. Il devra également prendre l'avis des personnes qualifiées qui auront demandé à être entendues.

Art. 17. — Tous les renseignements et communications fournis au Comité départemental sont confidentiels. Toutes les communications adressées par le comité aux contribuables doivent être transmises sous enveloppes fermées.

Art. 18. — Le Comité départemental, après examen des renseignements fournis par le préfet, détermine la taxe due par chaque assujetti, et statue sur l'imposition du double droit sur la partie omise dans le cas où la déclaration a été reconnue inexacte. Il opère ensuite la déduction de l'exonération qu'il a antérieurement fixée.

L'assujetti qui s'est abstenu de faire sa déclaration, ou de répondre à la demande d'éclaircissement du préfet est taxé d'office.

Les états matriciels ainsi établis sont adressés par le préfet au directeur des contributions directes chargé de la confection des rôles.

CHAPITRE VII

MESURES TRANSITOIRES.

ART. 19. — En vue de l'établissement des rôles de l'exercice 1925 et par dérogation aux dispositions de l'article 1er du présent décret, les chefs d'entreprise devront adresser leur déclaration et leur demande d'exonération au préfet dans un délai d'un mois à dater de la publication du présent décret.

ART. 20. — Le Ministre de l'Instruction Publique et des Beaux-Arts et le Ministre des Finances sont chargés, chacun en ce qui le concerne, de l'exécution du présent décret qui sera publié au *Journal officiel* et inséré au *Bulletin des lois.*

Fait à Paris, le 9 janvier 1926.

GASTON DOUMERGUE.

Par le Président de la République :
    Le Ministre de l'Instruction Publique
       et des Beaux-Arts,
        DALADIER.

Le Ministre des Finances,
  PAUL DOUMER.

TABLE DES MATIÈRES

Vannes. — Imprimerie Lafolye Frères et Cie. — 33-27.